Todos los libros de Linkgua Ediciones cuentan con modelos de Inteligencia Artificial entrenados por hispanistas. Pregúntale al chat de tu libro lo que desees acerca de la obra o su autor/a.

Para ebooks: Accede a nuestro modelo de IA a través de este enlace.

Para libros impresos: Escanea el código QR de la portada con tu dispositivo móvil.

Obtén análisis detallados de nuestros libros, resúmenes, respuestas a tus preguntas y accede a nuestras ediciones críticas generativas para una experiencia de lectura más enriquecedora.
La transparencia y el respeto hacia la autoría de las fuentes utilizadas son distintivos básicos de nuestro proyecto. Por ello, las respuestas ofrecen, mediante un sistema de citas, las fuentes con las que han sido elaboradas.

Gabriel Bocángel

La lira de las musas

Barcelona 2024
Linkgua-ediciones.com

Créditos

Título original: La lira de las musas.

© 2024, Red ediciones S.L.

e-mail: info@linkgua.com

Diseño de cubierta: Michel Mallard.

ISBN rústica ilustrada: 978-84-9953-633-0.
ISBN tapa dura: 978-84-1126-533-1.
ISBN ebook: 978-84-9897-793-6.

Cualquier forma de reproducción, distribución, comunicación pública o transformación de esta obra solo puede ser realizada con la autorización de sus titulares, salvo excepción prevista por la ley. Diríjase a CEDRO (Centro Español de Derechos Reprográficos, www.cedro.org) si necesita fotocopiar, escanear o hacer copias digitales de algún fragmento de esta obra.

Sumario

Créditos	4
Brevísima presentación	21
La vida	21
La lira de las musas, de humanas y sagradas voces	23
[Dedicatoria]	27
El menor criado de Vuestra Alteza, que sus pies besa	29
El Fernando o Templo de su fama	31
I	31
II	31
III	31
IV	32
V	32
VI	32
VII	32
VIII	33
IX	33
X	33
XI	34
XII	34
XIII	34
XIV	34
XV	35
XVI	35
XVII	36

XVIII	36
XIX	36
XX	37
XXI	37
XXII	37
XXIII	37
XXIV	38
XXV	38
XXVI	38
XXVII	39
XXVIII	39
XXIX	39
XXX	39
XXXI	40
XXXII	40
XXXIII	40
XXXIV	41
XXXV	41
XXXVI	41
XXXVII	41
XXXVIII	42
XXXIX	42
Juventud preciada de cuerda libertad, contra el amor	43
4. Amante que siente los primeros efectos de amor	43
5. Amante que desmiente la pretensión que se juzga por su llanto	44
6. Rindiendo al amor su libertad	44
7. Luchando con unas sospechas en favor del respeto de una dama	45
8. A una dama que negaba el desinterés con que la quería, por excluir a su amante	46
9. Exclama contra la ceguedad del amor que al más rendido persigue más	46
10. A un ruiseñor que se le murió a una dama en el invierno	47
11. Hirió una dama con una escopeta a un pájaro que bajó a sus manos	47

12. A un venado que la condesa de Castrillo escogió para tirarle, y le mató 48
13. Amante que se huelga de ver firme una dama, aunque sea en desdeñarle 48
14. A Celia que se quemó el cabello cuando se enrizaba 49
15. Pregunta que hace el autor al marqués de Almazán, tan gran ingenio como señor, que en breves años pasó a mejor vida 50
16. Señas de una belleza superior 50
17. A una dama que vivía con escándalo y se quejaba de que la murmurase el pueblo 51
18. A un viejo que se teñía, teniendo el rostro muy arrugado 51
20. A un amante que no podía socorrer a su dama, que se anegaba 52
21. Una señora viuda encontró impensadamente un retrato de su amado esposo, de quien le quedaron felices hijos 53
22. Oyendo en el mar, al anochecer, un clarín que tocaba un forzado 54
23. A un hombre que se casó con la que había sido su dama 54
24. Soneto de don García Salcedo coronel, Caballerizo de su Alteza, hablando con el autor 55
25. Respuesta del autor en los mismos consonantes 55
26. Al sentimiento de un ministro superior, en la pérdida de una hija, moza de muchos méritos 56
27. Contra el inventor de unas fuentes que hay en el Prado de Madrid, las copas al revés, en que no se puede beber 56
28. Viéndose amenazado de gran tempestad 57
29. En unas fiestas reales que se hicieron en el Parque, donde concurrieron todas las fieras opuestas con sus contrarios, y un toro fue el vencedor; matóle su Majestad de un escopetazo 57
30. A una pareja que corrieron el marqués de la Torre y don Bernardino de Ayala en unas fiestas reales 58
31. A don Álvaro de Ataide, Inquisidor de Portugal, Sumiller de Cortina de Su Majestad, insigne en letras y en la predicación 59
32. En la muerte de un caballero muy osado, que contra el escarmiento de haber visto en otros el peligro de un arroyo muy

crecido, se anegó, queriéndole atravesar   59
33. Al padres M. fray Francisco de Soria, monje de san Basilio y predicador insigne, en un sermón que hizo a los desagravios de Cristo   60
34. Al padres M. fray Miguel de Luján, monje benito, en un sermón a San Juan   61
35. Al incendio pasado del Vesubio, en el libro, que le describió el licenciado don Juan de Quiñones, alcalde de la Casa y Corte de su Majestad   61
36. España agradecida a don Gabriel del Corral, en la traducción que ha hecho de los versos latinos de Su Santidad   62
37. A don Agustín Collado del Hierro, en la conquista de Granada que escribía   62
38. En la muerte de Sceva, Valerosísimo soldado que murió en la guerra civil de Pompeyo y César   63
39. Al padres M. fray Ignacio de Vitoria, docto predicador insigne de la religión de san Agustín, enviándole un vidrio de Venecia, estando enfermo   64
40. Pregunta al mismo sobre un lugar de la antigüedad: 64
41. A la Academia de los Prontos de Roma, que ya cursó el autor, escribió en lengua toscana este soneto, en memoria de la muerte de doña Teresa de Unzueta y Ribera, su madre, clara por todos méritos   65
42. En la muerte de una dama ilustre por todos méritos   65
43. Describiendo su estilo, y sus engaños con sus apasionados   70
44. Elegía en la muerte de Lope Fénix de Vega Carpio, insigne poeta   74
45. Carta escrita a un señor retirado, ilustre por todos méritos, de quien es muy confidente el autor   78
46. Elegía a don García Salcedo coronel, Caballerizo de su Alteza, el Serenísimo cardenal Infante   82
47. Respuesta de don García Salcedo coronel, Caballerizo de su Alteza   86
48. A una belleza superior, cuanto noble, vista solo una vez   90
49. A una señora muy bella, el primer día que se calzó chapines   91
50. Hablando con una dama, que estaba mirando el retrato de un

hombre que la había dejado	92
51. A una dama que, con la aguja que labraba, se hizo mal en un dedo, de que adoleció algunos días	94
52. A una dama que había de hacer una forzosa ausencia	94
53. A un retrato del autor muy semejante, que hizo Juan de Van der Hamen, pintor insigne	95
54. Letra	97
55. Letra	98
56. Contra un prometedor	98
57. Al mismo asunto	99
58. Al mismo asunto	99
59. Al mismo asunto	100
60	100
61. Discurriendo en el campo sobre todo lo que se ofrecía a los ojos, y aplicándolo a su cuidado	100
62. Disculpando la explicación de unos afectos	102
63. A una señora dama de palacio, un día que salió en la procesión de las Palmas	103
64. Conocimiento de un riesgo superior, que aun es osadía el temerle	104
65. Bosquejo de una dama de muchos méritos	105
66. Hallándose en su amor obstinado a muchos desengaños	106
67. Retrato de una dama que, por bella y entendida, se equivocaba lo insigne	107
68. Deposición amante de su rendimiento	109
69. A una dama que, queriendo ser tercera de otra, enamoró a un hombre	110
70. A una ausencia que hizo un señor para desengañar algunos mal intencionados juicios	111
71. A cierta dama en un día de Santiago que salió al campo	112
72. En la muerte de Lisis, cuya edad temprana y méritos de virtud y belleza empeñaron mucho la común lástima	114

73. Pidió una dama celos a su amante a tiempo que él, o acaso o de industria, la dio un ramillete de violetas azules — 116
74. Retrato en seguidillas — 117
75. A una hermosa dama, llorando la muerte de un religioso anciano a quien era afecta — 119
76. A Filis llorando una ausencia de su amante — 121
77. Romance — 122
78. Al duque de Medinaceli en una máscara que corrió aventajadamente — 123
79. Estando en Aranjuez a la orilla del Tajo — 126
80. Al conde de Santillana en una fiesta de toros que lidió valerosamente — 127
81. En la ausencia de un amante que, por verle desinteresado en su cuidado, le achacaban ciegas calumnias — 128
82. Metáfora de una rosa a una doncella que había padecido la primera ofensa en el recato — 129
83. Glósanse estos dos versos, aplicando el sentido de ellos al silencio de quien ama — 131
84. Otra glosa al mote mismo — 133
86. A un sacrílego cartel que fijaron en las calles de Madrid los enemigos de nuestra santa fe, contra ella — 134
Fue asunto de un certamen, hecho en celebridad de una fiesta del Santísimo Sacramento, escribir un soneto que precisamente comenzase y acabase con estos dos versos que van de otro carácter, haciendo metáfora del gusano de seda a este divino señor Sacramento; premióse en primer lugar este papel — 137
Por la salud del Serenísimo señor Infante don Fernando, mi señor — 138
Octavas en el certamen que se celebró en Madrid de San Ramón Nonat. Mandóse describir cómo, de los primeros hábitos que se dieron en la religión de la Merced, fue el del Santo, y que se discurriese por sus virtudes, aplicando aquel lugar del Eclesiástico: Initium dulzoris babet fructus ilhus, etc. — 142

En un certamen donde se celebró a San Vicente Ferrer. Díose por
asunto discurrir en su vida   144
Versos sacros   146
A este mismo caso se hizo esta glosa; la copla es ajena   148
A un Cristo crucificado, contemplándole al expirar   149
Juventud distraída, cuanto dichosa, pues en el trance de la muerte
consigue poder hablar con Cristo crucificado   151
En un certamen se dio este asunto: 24 coplas de un romance al
aparecerse San Pedro a San Pedro Nolasco cuando iba a buscar
sus reliquias, excusándole el viaje; y cómo en su tránsito glorioso
se le apareció San Pedro, Nuestra Señora y el Ángel de su Guarda,
ilustrando lo uno y lo otro con dos lugares de la Escritura   156
En otra fiesta del nacimiento de Nuestra Señora   159
Al mismo asunto, en otra festividad solemne   160
Al mismo asunto   161
En una fiesta insigne se formó una rica nave, surcando, y dentro
de ella al Santísimo Sacramento. Diose por asunto una letra que
aparecía escrita: Navis institoris de, etc.   164
En la fiesta de Santo Tomás de Aquino   165
En fiesta del mismo Santo   166
Otro al mismo Santo   167
En la fiesta de la huida a Egipto del Niño Jesús con su Santa Madre   168
Canción que se escribió en el certamen del Santo Cristo de la Fe.
Premióse en primer lugar. Fue el asunto celebrar la Congregación,
que consta de doce hermanos y setenta y dos congregantes doctos, al
modo y número del gremio de los Apóstoles y Discípulos de Cristo,
cuyo instituto es volver por sus glorias y defenderlas de sus enemigos 170
A San Juan Bautista en el desierto,   172
En el certamen de San Francisco de Borja, cuando le entregó Carlos
V el cadáver de la Majestad Cesárea, para llevarle a depositar a
Granada, de donde tomó asunto de entrarse en religión, admirando
aquella ruina Se premiaron en primer lugar estas   174

111. A la fervorosa oración del Santo, en que muchas veces se veía
resplandecer como Sol — 176
A la humildad del Santo — 177
Mandó al autor la Religión de nuestro padre San Francisco
describiese la vida del B. fray Pedro de Alcántara, pintase parte de
ella. Refiérense algunas personales del Santo — 179
Fábula de Leandro y Hero — 185
Apolo siguiendo a Dafne — 212
Amante que vive de su mismo mal — 212
A Lisis que, cuando moza, fue rogada en vano y después le sucedía al contrario. Es imitación de Ausonio — 213
Amante que probó desamar en la ausencia y empeoró con el remedio — 213
En lengua española e italiana a la eternidad de su tormento — 214
Amante tan acostumbrado a su mal que se halla bien con él — 214
Su amante a Finea, viéndola llorar — 215
A Celia que, mirándose al espejo embebecidamente, quiso asir su aparente figura, y se le quebró — 216
A Lisi desmayada por una sangría — 216
Hablando con su dama ya difunta — 217
A la crueldad de su dama, aludiendo a la de Anaxarte — 217
A un soldado de quien se refiere que, matándole en un hecho de armas, se quedó un rato en pie después de muerto — 221
Al conde de Linares en la acción valerosa de matar un león en Tánger — 222
Moralizando la naturaleza y efectos del rayo — 222
En honor de don Juan de Jáuregui, Caballerizo de la reina nuestra Señora, insigne poeta y raro pintor — 223
Al marqués de Belmar, don Gaspar de la Cueva, en la muerte de su hermano — 223
A un velón que era juntamente reloj, moralizando su forma — 224
Hablando el autor con un retrato suyo que acabó con todo acierto el padre fray Agustín Leonardo, religioso de la Merced — 225
Al asunto de agradecer a una señora de España un reloj de muestra

pequeño, pendiente de una cadena de oro, que envió desde Hungría a un personaje eclesiástico y erudito muy afecto a su casa	225
Don Antonio Hurtado de Mendoza, Caballero de la Orden de Calatrava, etc., pidió al autor, en ocasión, escribiese algo a los excesivos calores de este verano de 37 y a sus mortales efectos en España; a cuyo asunto escribió éste	226
Al túmulo del doctor Nicolás Bocángel, mi señor y padre, Médico de Cámara de su Majestad y de la Serenísima Infanta Margarita, y, antes, de la Augustísima Emperatriz	226
Elegía en la muerte de don Francisco de Ribera, marqués de Malpica, mayordomo mayor del Serenísimo Infante cardenal, mi señor, etc.	227
Epístola al licenciado don Francisco de Paz y Balboa, del Consejo de su Majestad en la Vicaría del Reino de Nápoles, y Consultor del Santo Oficio	231
Égloga amorosa, en que se introducen los siguientes	235
Celebrando la hermosura de Antandra	254
A Anarda en ocasión de una dolencia	255
En honor de la perfecta Gerarda	256
Al mismo sujeto del romance pasado	257
A una dama que no hacía favorecidos por temer ingratos	259
Si un amante se ve entre dos damas, una que amada le aborreció, y otra que le amó aborrecida, ¿a cuál debe más?	260
Alusión al caso de Angélica y Medoro	262
Ponderando la crueldad de su amada	263
Describiendo un terremoto	265
A los años del Serenísimo Infante cardenal, mi señor	266
Al conde de Santillana, en una fiesta de toros	267
Cuenta un fingido gigante de Sicilia a un peregrino cómo vio a Pantagia, hija fingida también de Doris, y se enamoró de ella	268
Al caso de Apeles cuando retrataba a Campaspe, de quién se enamoró, y alabando la acción de Alejandro en otorgársela	271

Al arrojarse Dido sobre la espada de Eneas	273
Anteponiendo el deseo a la esperanza como gusto mayor	274
A una dama que, ofreciéndola imposibles su amante, le pidió que nola amase	275
A un amante que procuraba encubrir su pasión por conveniencia	276
A unos ojos azules	278
Al pintor de un hermoso retrato	278
A un poeta maldiciente	279
A Silvia gustando demasiado de verse al espejo	279
A una dama que se quejaba del tiempo pasado	279
Disculpando el haber hablado en su amor	280
Otro a lo mismo	280
Flor del campo comparada a la flor de hermosura. Es traducción del Taso	280
A una dama que, mirándosea un espejo, se le quebró	281
176. Letra	286
El retrato panegírico del Serenísimo señor Infante don Carlos, Príncipe de la mar, etc.	288
Argumento del Retrato panegírico	288

Del Retrato de su Alteza Serenísima 289

I	289
II	289
III	289
IV	290
V	290
VI	290
VII	291
VIII	291
IX	291
X	292
XI	292

XII	292
XIII	293
XIV	293
XV	293
XVI	294
XVII	294
XVIII	294
XIX	295
XX	295
XXI	295
XXII	296
XXIII	296
XXIV	296
XXV	297
XXVI	297
XXVII	297
XXVIII	298
XXIX	298
XXX	298
XXXI	299
XXXII	299
XXXIII	299
XXXIV	300
XXXV	300
XXXVI	300
XXXVII	301
XXXVIII	301
XXXIX	301
XI	302
XLI	302
XLII	302
XLIII	303

XLIV	303
XLV	303
XLVI	304
XLVII	304
XLVIII	305
XLIX	305
L	305
LI	306
LII	306
LIII	306
LIV	307
LV	307
LVI	307
LVII	308
LVIII	308
LIX	308
LX	309
LXI	309
LXII	309
LXIII	310
LXIV	310
LXV	310
LXVI	311
LXVII	311
LXVIII	311
LXIX	312
LXX	312
LXXI	312
LXXII	313
LXXIII	313
LXXIV	313
LXXV	314

LXXVI	314
LXXVII	314
LXXVIII	315
LXXIX	315
LXXX	315
LXXXI	316
LXXXII	316
LXXXIII	316
LXXXIV	317
Del Retrato de su Alteza Serenísima	317
LXXXV	317
LXXXVI	317
LXXXVII	318
LXXXVIII	318
LXXXIX	318
XC	319
XCI	319
XCII	320
XCIII	320
XCIV	320
XCV	321
XCVI	321
XCVII	321
XCVIII	322
XCIX	322
C	322
CI	323
CII	323
CIII	323
CIV	324
CV	324
CVI	324

CVII	325
CVIII	325
CIX	325
CX	326
CXI	326
CXII	326
CXIII	327
CXIV	327
CXV	327
CXVI	328
CXVII	328
CXVIII	328
CXIX	329
CXX	329
CXXI	329
CXXII	330
CXXIII	330
CXXIV	330
CXXV	331
CXXVI	331
CXXVII	331
CXXVIII	332
CXXIX	332
CXXX	332
CXXXI	333
CXXXII	333
CXXXIII	333
CXXXIV	334
CXXXV	334
CXXXVI	334
CXXXVII	335
CXXXVIII	335

CXXXIX	335
CXL	336
CXLI	336
CXLII	336
CXLIII	337
CXLIV	337
CXLV	337
CXLVI	338
Libros a la carta	**341**

Brevísima presentación

La vida
La lira de las Musas (1635), es una compilación de sus poemas dedicada al cardenal-infante don Fernando, de quien Bocángel fue bibliotecario. Bocángel es un maestro del soneto; influido por Góngora, aunque buscó mayor claridad que aquel, y tuvo una especial sensibilidad y melancolía para los matices. Fue uno de los más personales seguidores del culteranismo del poeta cordobés.

La lira de las musas, de humanas y sagradas voces

Al libre lector
Ninguno de los renombres, oh lector, con que el vulgo de los escritores suele invocarte, me parece a propósito: los que te llaman benigno adulan su miedo y no consiguen tu gracia; si te invocan discreto, no sé por qué te instruyen tanto la invención, pues no hay entendido que la tenga mala; los que te culpan mordaz y envidioso, o presumen tener que les envidies, o se imaginan inculpables en sus escritos. Por tanto, pretendo esta vez que seas lector libre y atento, pues de tu juicio y neutralidad necesito más los ratos que te ocuparen los números y las voces de esta —que no sin propiedad intitulé— Lira de las Musas, en metáfora de la diversidad de sus cuerdas y sonidos graves, agudos, dulces y varios. Así se diferencian los poemas de este volumen: los heroicos, con majestad de sentencias y respeto de las voces que las sirven; los líricos, en la dulzura de sus conceptos, novedad de sus locuciones y frases, hermanando los dos estilos con artificiosa y natural armonía. Ésta ha sido la idea que se ha procurado imitar, habiendo huido con afectación de la afectación y de la oscuridad, escollos no sé si tan considerados, como ciertos, de muchos escritores.

Ya, pues, que te has empeñado en juzgar la calidad y naturaleza de estas flores, que en el desaliño de su desorden representan más ser arrancadas que cogidas, te quiero insinuar algunos presupuestos. Sea el primero, que estos versos estaban escritos y esparcidos años ha en manos de muchos amigos y extraños.

Instábanme aquéllos que los estampase, reconviniéndome con la honra que he debido a España y a Italia en mis antes divulgadas obras. No me pareció, pues, que en imprimirlos añadía más peligro, sino más papel, y que en éste se redimirán muchos yerros que los traslados bastardos añaden a los que confieso van en los originales, habiéndome sido más fácil conocerlos que enmendarlos.

Estas conveniencias y motivos aún no vencían mi respeto al ceño de los Juicios graves, que ya por mis mayores profesados estudios, ya por mis diferentes ministerios y atenciones, parece podían extrañar estos floridos empleos de la pluma, notando que por junio los claveles más bienquistos parecen reacios en los jardines y los extraña el mismo que los compra. Pero hallará la respuesta muy a mano quien se holgare más de la satisfacción que de la calumnia, pues en hecho de verdad, como queda dicho y consta de la fecha de este privilegio, no se escribe ahora lo que ahora sale; advirtiéndose asimismo que, si quedasen manuscritos estos versos, les amenazaba el daño que ha sucedido a los más autores, especialmente modernos que, omitiendo en sus días divulgar sus obras, padecen difuntos el arbitrio y adulterio de falsos moldes, donde el interés vende el nombre, y no las obras de los escritores; injuria, como póstuma, irreparable, y nuevo contagio que halló como prender en las cenizas.

Aquí pues, se ofrece al hastío de los gustos que vemos una diversidad de poesías que de suyo, y por sí sola, aún suele merecer con los descontentos. Cualquier asunto te detendrá poco, sin obligarte a dependencia para enterarte de sí, y ningún deleite se te consentirá sin alguna enseñanza moral, o sin alguna imitación poética, de que está tejida esta numerosa tela.

Caigan estas flores del árbol del ingenio que, ya, más que verde, fecundo de mayores frutos históricos y políticos, te cita a las veras de más serias vigilias, no con ánimo de añadir libros al cúmulo de nuestros modernos, sino de lograr algunos discursos que de las experiencias y estudios varios con algún desvelo he observado, reducidos a un método que se conforme con la variedad de los sujetos a quien habla. Séante, pues, bienquistas estas ofertas, si no por dignas, por confiadas de tu Juicio. Vale.

[Dedicatoria]

A su Alteza Serenísima
Como dichoso y doméstico testigo, Serenísimo señor, de cuán agradables son a Vuestra Alteza las letras, y del amparo que hallaron siempre en su grandeza y benignidad los profesores de ella, y sabiendo por asistida experiencia el ingenio y comprensión con que penetra lo arcano misterioso y más escogido de las ciencias y artes, resultando todas de su aceptación más liberales, me atrevo en virtud de mi oficio a poner en las augustas manos de Vuestra Alteza este compendio de todas mis obras poéticas, feudo, tan natural como debido, de mi corta erudición adquirida e ilustrada en sus reales libros. Pero saliendo de este común sagrado, reconozco más especial motivo del rendimiento de estos floridos frutos a Príncipe que se ha dignado avalorar con repetidas protecciones mis desveladas fatigas y trabajados ocios.

Admita, pues, Vuestra Alteza, estas ejecutadas premisas de futuros y más heroicos partos, pues hoy se conciben en sus invictas hazañas, para lograrse el día que, haciendo inmortal clarín de su ya merecida fama, escuche el orbe mis heroicos números, en mérito de su inmortal asunto; consintiendo ahora Vuestra Alteza Serenísima, no a la mía, sino a la humilde frente de este libro, su augusto e invicto nombre, con que no envidiare los laureles de que tanto engríe el Parnaso a sus ahijados. La calumnia, entretanto, sobreciega, deslumbrada con que mis obras granjean tan alto dueño contra las experiencias de mi rudeza, argüirá misterios de valor en estos frutos, respetando el Planeta que los alienta y educa, pues ya por efectos de su favor aspiran a la posteridad que les niega lo débil de su naturaleza.

Esta codicia de mayor vida, comunicada por unirse a los sujetos mayores, es más disculpada en mí por menor y más afecta hechura de Vuestra Alteza, de quien cobro en recompensa de esta dádiva corta las usuras que Garcilaso de la Vega, tan docto como noble soldado, parece que atestigua cuando dice:

> Quien más cerca se halla del gran hombre,
> piensa que crece el nombre.

El de Vuestra Alteza se ha hecho tan grande por las letras y por las armas que,
a no haberse extendido por los términos de Europa su valor y su esfuerzo, no cupiera en los de su dichosa España. Esto recela aquí la verdad, como allá la lisonja en la muerte de los tres Pompeyos. Y, pues, ni los méritos de Vuestra Alteza caben en sus breves, cuanto fértiles años, donde la subida verdad de sus proezas no teme de la adulación los siempre inferiores realces, ni en mi rendimiento hay oferta que no sea debida, disculpado de haber presumido lucir mis sombras entre los claros resplandores que venero, anunciándoles perpetuo oriente en la vida y más eterna posteridad en la fama. Rogaré con súplice afecto a Dios lo mismo que en sus prósperos sucesos nos ha enseñado a esperar, pues ascendiendo con tan favorables pasos a la cumbre de lo inmortal, siendo brazo robusto de la Religión y de la tranquilidad de España, es consecuente que en la vida temporal goce Vuestra Alteza los años que la Cristiandad ha menester y sus más afectos y humildes criados debemos desear.

El menor criado de Vuestra Alteza, que sus pies besa

Don Gabriel Bocángel Unzueta.

El Fernando o Templo de su fama

Poema histórico
Al Serenísimo señor cardenal Infante
de España, etc., mi señor

I

Alta lisonja es ésta de aquel Marte
sagrado que, con púrpuras y plumas,
por los riesgos de Europa se reparte
—pasmo a provincias y terror a espumas—,
si, a la sangrienta lid que al mundo emplaza,   5
teñido siempre está de la amenaza.

II

Su fama aquí con aras resplandece,
y, en orden a labrarle eternidades,
en rojos bultos a Fernando ofrece,
de pórfidos que observan las edades,   10
su edad, figura en láminas distinta,
de uniforme cincel, de varia tinta.

III

Cien colunas de mármol al palacio
son prólogo, y de estrellas se rubrican;
ciento de bronce, histriadas de topacio,   15
orden segundo a su labor replican.
A distancia leal se ven algunas
que a un tiempo son estatuas y colunas.

IV

Figurado se mira extensamente
nicho en medio de plata y de rubíes, 20
que a su arbitrio dispone del oriente
en diluvio de rayos carmesíes.
El gran Pedro y el Pablo, en gesto grave,
éste un montante, aquél le da una llave.

V

Fernando, ardiente crédito de España, 25
al alto nicho su estatura tasa.
No estriba el bulto sobre fiel peaña,
que es peaña inmortal él mismo y basa;
entre humilde y feroz, con fiel semblante,
la púrpura recibe y el montante. 30

VI

El indio, menos bárbaro que diestro,
cuando forjó el venablo venerado
a luces de soldado y de maestro,
le envainó con astucia en un cayado,
porque quien le obedece en santo estilo 35
ignore la experiencia de su filo.

VII

El rojo bulto del sagrado Infante
en sueltos miembros su presencia expone.
Es la espada una lista de diamante,

a cuyo espejo lo feroz compone;   40
manto breve de múrice le enlaza
con tal arte que ajusta y no embaraza.

VIII

Un peto ciñe de lombardo acero
que al Sol sabe volver su lumbre rota,
donde escribió del español guerrero   45
Vulcano historias, que entre cifras brota.
Sudores doctos le costó en Sicilia
a su fuerte, a su bárbara familia.

IX

Un clavel del crisólito más bello
en hojas cuatro se divide y nace,   50
donde el pecho confina con el cuello
y al perfil de loriga satisface;
y sobre el morrión de leve peso
plumas releva artífice travieso.

X

Como en la nieve pura se desata   55
rayo infante de lumbre primitiva,
hace en el rostro debruñida plata
postizo resplandor guedeja viva.
Finge en la barba y labio claro anillo
el oro hilado a manos del martillo.   60

XI

La espalda oprime de un bridón ligero,
de breve testa y cuello relevado.
Bella es su vista, su mirar tan fiero
que de estar a su aspecto está tostado;
Etnas concibe, y el coraje cesa   65
si escupe, en vez de espuma, la pavesa.

XII

En luengas ondas de la clin y cola
es (o parece) que navega el viento.
Soberbia el anca se dilata, y sola
finge quietud del alazán violento   70
la diestra mano; la siniestra planta
airoso encorva y rápido levanta.

XIII

No acaso la levanta a herir con ceño
la tierra, que sepulcros forma y bate
a los vencidos de su airado dueño,   75
porque muertos no estorben el combate,
o los sepulta en túmulo de olvidos
por negarles la gloria de vencidos.

XIV

Tal templo obró Martínez sevillano,
vínculo de la fama de Lisipo;   80
tal formó de Filipo al fiel hermano,

que parecía hermano de Filipo,
Martínez, que obra bultos animados
de quien después sus dueños son traslados.

XV

Sobre este nicho que de edad carece   85
(tanta será su edad) y le corona.
el cerco de una Luna cuando crece,
está Filipo a quien un Sol corona;
con que el Infante venerado arguye
que otra más superior su fuerza influye.   90

XVI

No es de Filipo, no, la estatua entera,
que sintió el arte en sí flacas señales;
ni de metal le obró, porque se infiera
que vive el nombre y mueren los metales.
Así al eterno original asido   95
lo inmortal le adquirió en lo parecido.
Retrato de Su Majestad por Martínez Montañés,
esculpido en barro
Epigrama
Ya el polvo no es rüina, sino aliento.
Ya lo inmortal de lo mortal se fía.
Aquí paró en acierto la porfía,
y esculpió sus ideas el intento.   100
Próvido elige el barro el instrumento,
buscando proporción a su osadía,
que, como a darle espíritu atendía,
atribuyó lo humano a su elemento.
Ya, pues, que le inspiró lo eterno al bulto, 105

donde vuelve a nacer el Sol de Iberia,
le fía al barro el andaluz Lisipo.
Que el bronce y mármol presumieran culto
de los años por sólida materia,
y para eterno bástase Filipo.　　　　　　110

XVII

La historia, donde al oro vence el arte,
prosigue del Real Pastor del Tajo.
Su sabia juventud a instancias parte,
dado al sacro, al político trabajo.
Santos Preceptos, altos sacrificios　　　115
alumbra a señas y releva a indicios.

XVIII

Un mar de ciencias el cincel figura,
donde el ingenio es Palinuro sabio.
Ya los reinos político, mensura,
los orbes ya al numérico astrolabio;　　　120
ya estrena en la aritmética verdades,
docto en líneas y agudo en cantidades.

XIX

Ya de Euclides los círculos emprende;
ya las líneas de Jáuregui dibuja;
la solfa apura, la vihuela prende　　　125
y hace que el arco regalado cruja.
Ya en ambas cajas, con marcial porfía,
cetro le da la dura cetrería.

XX

éstos, que en otro fin, en él preludios
fueron; y, desdeñando los posibles,　　　130
el ingenio emprendió sacros estudios
del empíreo en objetos infalibles.
La sustancia del Padre, el Hijo, el Ave,
si todos la confiesan, él la sabe.

XXI

Ya, consumado en fuerzas, le dirige　　　135
el Júpiter fraterno a empresas grandes.
Al franco, al belga, al holandés corrige
la amenaza. ¿Qué hará el estrago en Flandes?
Salen, pues, los hermanos tan lucientes
que la Puerta del Sol ve tres orientes.　　　140

XXII

Cataluña, Aragón le aclaman Numa,
estadista en las cortes. Ya se embarca.
Sésgase el mar y duerme hasta la espuma,
de fiel tranquilidad lisonja zarca,
dejando, si obedece, equivocado　　　145
o al bastón o al tridente o al cayado.

XXIII

Llega a Milán, ejércitos compone,
corazones admite, excusa gastos;
bien que próspera, fiestas le propone,

que en triunfos Roma no miró ni en fastos. 150
¿Qué mucho, si jamás admiró tanto
de fuerte, sabio, liberal y santo?

XXIV
Trasciende a Flandes, y al real pasaje,
hidra del Septentrión, Weimar se ofrece,
animada ponzoña del coraje 155
de aquella infiel cerviz que herida crece.
Mas sus venenos y su cuello extinguen
aceros de Austria en campos de Norlinguen.

XXV
Del antes real como después augusto
Héctor novel del Húngaro cuñado 160
se mezcla al suyo campo tan robusto
que mies de acero receló el arado.
Allí traza, allí expende, allí comparte
oro, fuerza, consejo, riesgo y arte.

XXVI
Cual huye al bosque incauto conejuelo, 165
a sombra del cañón, del miedo alado,
el escuadrón süeco elige un suelo
de engaños y de robles trincherado;
y, opuesto en su labor al propio intento,
su laberinto obró su monumento. 170

XXVII
Allí cae el soldado, y le socorre;
allí el campo se engríe, y le sosiega;
mengua una tropa, y a llenarla corre;
al osado amenaza, al flaco ruega;
bombardas ceba, centinelas muda,   175
susurra nombres y caballos suda.

XXVIII
Como excede entre rojos arreboles
el Sol, que los educa de la tierra,
los olimpos de acero o españoles
hacen, y los demás sufren la guerra;   180
bien que el gran duque de Lorena hería
tanto que España le adoptó aquel día.

XXIX
Es de copia marcial cualquiera cuerno
en fortaleza y sitio, altivo y alto.
El príncipe del Tajo da el gobierno   185
a Leganés, a Idiáquez y a Torralto,
a Escobar, al audaz Panigarola,
a Alagón, por quien Palas fue española.

XXX
El Sol de las dos águilas bohemias
sus haces planta, diestro, audaz y fuerte.   190
»yense de Weimar altas blasfemias

que el cielo manchan de veneno y muerte.
Salvas se fingen al rayar del alba,
pues la suerte no más es libre y salva.

XXXI

Suenan parches y pífanos asordan; 195
rotas, forman las picas voz espesa;
balas de sacres las trincheras bordan
y al sólido pavés hacen pavesa.
Rotos miembros de cuerpos desunidos
hacen sombra, en el aire entretejidos. 200

XXXII

La pólvora montañas de humo explica
en ambos campos, y, suspenso, Marte
tres veces fue neutral. Al fin rubrica
con sangre del contrario nuestra parte,
nuestra victoria, y en los fieros bandos 205
prevalecen victorias y Fernandos.

XXXIII

De polvo y sangre y de sudor teñido,
gracias a Dios, a España da pendones.
Triunfa cortés y expende agradecido
al noble cargos y al humilde dones; 210
reconoce valientes, premia osados,
que el ser testigo los armó soldados.

XXXIV

Ya que en premios y en pagas hizo alarde
del metal que vasallo da occidente,
porque el dictamen de Filipo guarde,   215
a Flandes lleva la ordenada gente,
que, impedida de presas y trofeos,
logró ambiciones que ignoró en deseos.

XXXV

Marcha, pues, y en arneses y en colores
es su campo acerada primavera.   220
Vence siempre al pasar, como a las flores
vence el arado en su eficaz carrera.
Rinde el inferior Palatinato
con las armas de amor y lid del trato.

XXXVI

Abátese la indómita Franconia,   225
y es pretensión amante el rendimiento.
Antes que vegas pise de Colonia,
la Alsacia evita con sagaz intento,
donde, celado el crédulo enemigo,
solo sirvió de triunfo y de testigo.   230

XXXVII

Witemberg, Franconia, el Palatino,
la Colonia, Maguncia, el Rin y el Meno
superados, termina el real camino

a Flandes, donde a Marte ve sereno;
Flandes, que fue primero templo vano   235
de Marte y ya sus obras rinde a jano.

XXXVIII
No en sus teatros Grecia, no vio Italia
en sus teatros alborozo tanto;
ni soldados mejores vio Farsalia
cuando Pompeyo fue capaz de llanto;   240
ni en banquetes juntó tantos manjares
el gentil que a la gula miente altares.

XXXIX
No extraña lenguas su versado oído;
de fuerzas y noticia se apodera;
reparte en ellas su escuadrón lucido;   245
lidia al día, a la noche considera;
y tanto adquiere su marcial porfía
que es corto siempre coronista el día.
La lira de las Musas humanas
Propone el autor discurrir
en los afectos de amor

Soneto

Yo cantaré de amor tan dulcemente
el rato que me hurtare a sus dolores
que el pecho que jamás sintió de amores
empiece a confesar que amores siente.
Verá como no hay dicha permanente   5
debajo de los cielos superiores,
y que las dichas altas o menores

imitan en el suelo su corriente.
Verá que, ni en amar, alguno alcanza
firmeza (aunque la tenga en el tormento   10
de idolatrar un mármol con belleza).
Porque, si todo amor es esperanza
y la esperanza es vínculo del viento,
¿quién puede amar seguro en su firmeza?

Juventud preciada de cuerda libertad, contra el amor

Soneto

Vivo de amor tan libre, y he vivido,
que voluntario pruebo su dolencia,
dando ejercicio a tanta resistencia
como huelga en mi pecho endurecido.
Miro la llama a la distancia asido   5
siendo costumbre libre y no prudencia,
que a beldad, donde es alma la apariencia,
harto le sirve el riesgo de un sentido.
Huya del mar el que en seguro suelo
los claros riesgos vio del anegado;   10
no tiente el mar en fe de luz divina.
Que las piedades las reserva el cielo
para quien gime a su rüina atado,
no para aquel que labra su rüina.

4. Amante que siente los primeros efectos de amor

Soneto

Venciste, Filis. Ya en el pecho mío
hoy la primer terneza se introduce,
cual hielo en que el Sol infante luce
lloro, mas con valor rebelde y frío.

Mengua mi obstinación, no mi albedrío;   5
que este afecto a que el hado me reduce,
no como ley, cual gusto se produce,
y, si le doy lugar, no señorío.
Impere la razón, y mis afetos
solo al fuero se extiendan de vasallos,   10
en mi interior, ya amante monarquía.
Que si contra las leyes de sujetos
se conjurare amor a rebelallos,
trocaré yo el imperio en tiranía.

5. Amante que desmiente la pretensión que se juzga por su llanto

Soneto

Lloro, Filis, mas es sin apariencia,
que sé dolerme, mas quejarme ignoro;
lloro hacia el corazón: sepa que lloro
el dolor, pero no la diligencia.
Aunque es agua no opone resistencia   5
al fuego que encerré como tesoro;
que no llorara yo si mi decoro
aumento no le diera sin violencia.
Sale el fuego del pecho y vuelve al pecho
cual reloj que, en hilando las arenas,   10
las mismas otra vez en sí recibe.
Porque faltaran al amor sospecho,
ya penas contra mí, y así apercibe
que en mí, como en reloj, vivan las penas.

6. Rindiendo al amor su libertad

Soneto

Yo aquel que un tiempo con semblante ledo
hice sagrado, amor, de la hüida,
mi libertad, que aún vive defendida,
rindo a tu imperio, aunque negarle puedo.
Que si temiendo amar cautivo quedo   5
en la pena mayor, que es la temida,
ni pierde libertad ni arriesga vida
quien pide al golpe no morir del miedo.
Y aunque no falta en mi valor lo fuerte,
amor, contra venganzas de tu aljaba   10
desde hoy tus armas vencedoras sigo.
Amando excusaré —no ya la muerte,
que el miedo de morir también la obraba—
la afrenta de morir sin enemigo.

7. Luchando con unas sospechas en favor del respeto de una dama

Soneto

No puede ser; y miente el sentimiento,
que el dolor, como ciego, no es testigo,
o padece excepción como enemigo
que presenta la lid al sufrimiento.
Temo de Fili un falso pensamiento,   5
y más cuando le temo por castigo,
de que acaso madrugo yo conmigo
lo que aún de Filis duerme en el intento.
Darla que no temer a su mudanza
será darla a pensar que desconfío;   10
temo avivar mi mal si no le creo.
Neutral quiero que estés, desconfianza,
que, como mientas el temido empleo,
sé verdadera en el tormento mío.

8. A una dama que negaba el desinterés con que la quería,
por excluir a su amante

   Soneto

        Un tirano formó de bronce ardiente,
        estudiando el mayor horrendo insulto,
        un toro, en cuyo horrible y hueco bulto
        arder miró al infausto delincuente.
        Por no moverse a pena del doliente,   5
        ni dar a la piedad posible indulto,
        dispuso que el clamor del hombre oculto
        suene a bramido en el metal luciente.
        Mis espíritus, Filis, encerrados
        en tu desdén, llegando a tus oídos   10
        no suenan como van de mí dictados,
        que, porque no te muevan mis gemidos,
        en el metal de tu desdén trocados,
        habla el alma, y escuchas los sentidos.

9. Exclama contra la ceguedad del amor que al más rendido
persigue más

   Soneto

        Como en estancia, que de mármol fino
        ostenta el suelo, rapazuelo ocioso,
        con ágil mano y ademán brioso,
        azota el breve torneado pino;
        y, mientras ve que el circular camino   5
        dura en la esfera que batió furioso,
        para, más, viendo que se da al reposo,
        replica el golpe del sonante lino.
        Así el amor con áspera violencia,

en la vaga región de mi cuidado,   10
herir mi corazón tiene por juego.
Y aunque sobra al dolor su diligencia,
si mira que sosiego de postrado,
se ofende por la parte que es sosiego.

10. A un ruiseñor que se le murió a una dama en el invierno

Soneto

abril volante, viva primavera,
tan viva que, engañado en tus colores,
te dio el tiempo el castigo de las flores,
que el invierno a su vida Parca es fiera.
No moriste, volaste a más esfera,   5
pues Filis hoy te anima con dolores.
Bien es que muera quien cantaba amores;
yo sé quien calla, aunque de amores muera.
Tu muerte procuraste para verte
compadecido de quien vive ajena   10
de dolerse de un vivo enamorado.
¡Oh infeliz en la vida y en la muerte!
Vivo, no la causaste amante pena;
muerto, no te aprovecha su cuidado.

11. Hirió una dama con una escopeta a un pájaro que bajó a sus manos

Soneto

Amante ruiseñor que das al viento
las quejas donde vive mi esperanza;
que, aunque el viento es imagen de mudanza,
solo en él mi dolor vive de asiento.
En ti turbó la paz de tu elemento   5

aquel brazo, que a toda vida alcanza;
también me hirió, mas con mayor pujanza,
cuanto el golpe de envidia es más violento.
A los dos solo un golpe dio la muerte
(porque de único asunto no presumas):   10
a mí los ojos, cuando a ti las balas.
¡Oh, cuánto más te mejoró la suerte!
Hiérete amor y déjate con plumas,
para seguir un ofensor con alas.

12. A un venado que la condesa de Castrillo escogió para tirarle, y le mató

Soneto

No se debió a la bala tu caída
(que no es seguro el plomo en lo ligero);
sin llave estaba, rayo más severo,
que deja ociosa tu segunda herida.
Muriendo naces hoy, fiera escogida;   5
el brazo te reserva del acero.
Bien que el modo es mortal, no en el primero,
en el mejor nacer está la vida.
Parado entre dos soles y una muerte,
dudas si el cielo te prestó piadoso   10
para buscar o huir lo acelerado.
¡Oh, en brutos, no menor deidad la suerte!
No corras, que en quien ha de ser dichoso
también es diligencia estar parado.

13. Amante que se huelga de ver firme una dama, aunque sea en desdeñarle

Soneto

Miré un laurel, cuyo desdén sagrado,
de espesa rama, Apolo no vencía.
Allí para el desdén Dafne aún vivía,
y a Febo aún no perdona su cuidado.
¿Qué mucho que mi amor desengañado   5
ensordezca a experiencias cada día,
si presta ejemplo un dios a mi porfía
y vive lo difunto a lo adorado?
Más quiere Apolo a Dafne con firmeza,
aunque imposible, que la quiso viva   10
con la inconstancia que temida lloro.
Tanto sintiera, oh Fili, en tu belleza,
verla tal vez amante, y tal esquiva,
que por constante aun eldesdén adoro.

14. A Celia que se quemó el cabello cuando se enrizaba

Soneto

Venganza fue de amor, flechada en vano,
ese atrevido y castigado fuego
donde, más que deidad, mostró ser ciego,
cuando tu agravio le fió a tu mano.
Un elemento es enemigo humano   5
para mover a un Sol desasosiego.
Ruegue, no abrase, amor, que solo el ruego
nació para vencer lo soberano.
Ya no peligras, Celia, en la violencia
del fuego, ni de amor temes venganza,   10
porque o tu nieve o tu rigor le excede.
Siempre es edad del flaco la experiencia;
ya que poder se deja a la esperanza,
¿si sabe Celia lo que amor no puede?

15. Pregunta que hace el autor al marqués de Almazán, tan gran ingenio como señor, que en breves años pasó a mejor vida

Soneto

Sabio marqués, con quien Apolo parte
el laurel que corona numeroso,
porque otro medio círculo glorioso
reserva a sus previstas glorias Marte;
decidrne: ¿por qué siempre amor reparte   5
la pena, el llanto y el desdén celoso
a los suyos? Si amor, ¿cómo es odioso?
Si de arte ofende en la deidad, ¿hay arte?
Confieso que al dolor tal vez prefiere
el gusto, pero ¿cuándo sus instantes   10
reducir a un contento supo el gusto?
¿Por qué es ciego el amor que apunta e hiere,
y no se llaman ciegos los amantes
que le siguen, sabiendo que es injusto?

16. Señas de una belleza superior

Soneto

Grandes los ojos son, la vista breve
(o amor la abrevia, porque a herir apunta);
arco es la ceja, y el mirar es punta
a quien amor sus vencimientos debe.
A su mejilla el nácar nácar debe;   5
adonde en llamas de coral difunta
fuera la rosa, más su incendio junta
a la azucena de templada nieve.
El arte es superior, pero sin arte
el ingenio es acierto y no es ventura;   10

el andar es compás y no es cuidado.
De tantas partes no presume parte;
hermosa pudo ser sin hermosura;
yo, sin amor, viviera enamorado.

17. A una dama que vivía con escándalo y se quejaba de que la murmurase el pueblo

Soneto

Lloras, Filis, que el pueblo te mormura
la vida, la opinión y el ejercicio,
y que da, temerario, a todo indicio,
como a delito, su mordaz censura.
Y es que llega tu audaz desenvoltura   5
a querer que se llame el mismo vicio
indicio de él, y tomas por oficio,
y no por privilegio, la hermosura.
Tal vez te ríes de los maldicientes,
no por ver su calumnia mal fundada,   10
que tal engaño te desmiente el pecho.
Su género de culpa solo sientes,
que, como el fruto del pecar te agrada,
ríes de los que pecan sin provecho.

18. A un viejo que se teñía, teniendo el rostro muy arrugado

Soneto

¿Hasta cuándo esa tinta, dime, Fabio,
pondrá tu engaño sobre tu cabeza?
Quien hace la traición naturaleza
tema del tiempo el alevoso agravio.
Mas ya que con discurso poco sabio   5
ultrajas de los años la pureza,

tíñete las arrugas, que es bajeza
que parezcan de dos mejilla y labio.
La mentira en la voz es caso feo,
y, siendo sin pretexto y sin disculpa,　　10
es un delito en el honor nefando.
¡Oh, Fabio, cuánto más pecar te veo,
pues tomas tan de asiento aquesta culpa
que ya te sales con mentir callando!

19. Persuadiendo a un amigo que no haga juicio del pecho de su dama por los desdenes exteriores

Soneto

Aunque de Europa el robador divino
siente el desdén, a Europa disculpaba;
queriendo ser vencida, peleaba,
que hay defensas que muestran el camino.
Del rencor femenil es tan vecino　　5
el gusto que en el gusto siempre acaba.
No quiere ser esquiva la más brava;
esquiva quiere parecer, Licino.
Si Filida te escucha y te responde,
aunque de amor se te figure exenta,　　10
con blandos ruegos su dureza excita.
Gobiérnete su pecho en lo que esconde,
porque no es no pecar lo que ella intenta:
pecar, mas con disculpa solicita.

20. A un amante que no podía socorrer a su dama, que se anegaba

Soneto

Dos naufragios se oponen igualmente

a aquella que en beldad venció a Narciso,
cuando en las aguas imitarle quiso,
dando a sus soles líquido occidente.
Licio la ve en el mar menos presente   5
que en sí, donde arde en golfo más preciso.
Siente no socorrerla, ¡oh ciego aviso!,
donde la mira y no donde la siente.
Mas, Licio, bien tu afecto se gobierna;
donde puede morir no darla ayuda   10
siente tu amor, no siente como ciego.
Que en tu pecho, aunque ardiente, será eterna;
en agua sí que vivirá con duda,
porque no hay fénix de agua y le hay de fuego.

21. Una señora viuda encontró impensadamente un retrato de su amado esposo, de quien le quedaron felices hijos

Soneto

Filis, en cuyo amante muerte fiera
robó más alma que dejó a su vida,
y de su esposo la mortal herida
en huérfanas reliquias hoy venera,
vio un retrato, una imagen lisonjera,   5
de verdadero amor sombra fingida,
y, en viéndola, a consuelo introducida,
conoció no ser alma verdadera.
Escrupulosa en ver que se divierte,
«¡Ay! —dijo—, amante amado, no me atrevo 10
a ver tu sombra, pues de ti me privo.
Tan toda el alma concedí a tu muerte
que ya no he de poder sentir de nuevo
ni aun el dolor de no mirarte vivo.»

22. Oyendo en el mar, al anochecer, un clarín que tocaba un forzado

Soneto

Ya falta el Sol, que quieto el mar y el cielo
niegan unidos la distante arena:
un ave de metal el aire estrena,
que vuela en voz cuanto se niega en vuelo.
Hijo infeliz del africano suelo   5
es, que, hurtado al rigor de la cadena,
hoy música traición hace a su pena
(si pena puede haber donde hay consuelo).
Suene tu voz (menos que yo), forzado,
pues tu clarín es sucesor del remo,   10
y alternas el gemido con el canto.
Mientras yo; al mar de Venus condenado,
de un extremo de amor paso a otro extremo,
y, porque alivia, aun se me niega el llanto.

23. A un hombre que se casó con la que había sido su dama

Soneto

Hoy, Fabio, te casaste con Lisena,
que ayer te dio de amor dulces venenos;
en vasos viles de ponzoña llenos
mal la abeja de amor su miel ordena.
No te aseguro yo la mar serena,   5
ni que con tal bajel midas sus senos:
a quien de caña aun dio flaquezas, menos
la debiste fiar riesgos de entena.
Pediste (y lo consigues) que Himeneo
te purifique el lecho, y decorosa   10
a tu lado inculpable Lisi asista.

Mas con la misma condición que a Orfeo
la esposa se volvió, te dan la esposa,
Fabio: no has de volver atrás la vista.

24. Soneto de don García Salcedo coronel, Caballerizo de su Alteza, hablando con el autor

Soneto

Cese ya de un engaño repetido
la confusión, oh Fabio, y sus horrores
no turben los divinos resplandores
de la verdad que profanó mi olvido.
Experiencias ilustran el sentido; 5
peligro es hoy lo que juzgué favores;
miro despiertamente mis errores
y el tiempo lloro que gasté perdido.
Sea en las fieras ondas que navego
norte seguro, pues, el desengaño, 10
que el escarmiento agradecido adora.
Sulque el mar proceloso otro más ciego,
que no es prudente el que, en un mismo daño,
segunda vez sus desaciertos llora.

25. Respuesta del autor en los mismos consonantes

Soneto

Gerardo, quien su engaño repetido
gime, aunque gima preso en mil horrores,
merece el Sol de eternos resplandores,
en favor de la noche de su olvido.
Mas, quien no rompe fueros al sentido 5
en vano pide al cielo sus favores;
que el fuerte auxilio de vencer errores

suele tardar, cuando ha de ser perdido.
¡Qué importa que yo diga que navego
al puerto que conduce el desengaño,   10
si el alma ocultos ídolos adora!
Mas, ¡ay señor!, que si el error es ciego,
supo perder la vista, que fue daño,
porque abre más los ojos cuando llora.

26. Al sentimiento de un ministro superior, en la pérdida de una hija, moza de muchos méritos

Soneto

Bárbaro el Fénix a su fin aplica
incendios, por nacer de su occidente;
que fiar de un ocaso un nuevo oriente,
noble acción, pero bárbara, se explica.
Mas Fabia, Sol de España, se dedica   5
hoy a tu llanto senador prudente,
y fénix más perpetua y más luciente
en tu dolor sus plumas sacrifica.
¡Oh bárbara otra vez, bien que ingeniosa,
ave oriental, que de tu fin y ofensa   10
fías la eternidad que solemnizas!
¡Oh Fabia, fénix tú, sabia y hermosa,
que a tu origen paterno, en llama densa,
fías la eternidad de tus cenizas!

27. Contra el inventor de unas fuentes que hay en el Prado de Madrid, las copas al revés, en que no se puede beber

Soneto

Jacinta, aquel artífice violento,
negando el agua misma que derrama,

a la engañada sed dio tanta llama
que esconde en el cristal otro elemento.
No se querella el labio del tormento   5
de ver, que le despida quien le llama;
pues de más noble cólera le inflama
ver que costase estudio lo avariento.
Naciste liberal, y avara cuna,
oh corriente infeliz, se atreve a darte   10
el que malquista tu corriente al labio.
Hasta en los elementos hay fortuna.
Quéjese el agua, pues, aquí del arte,
si nació beneficio y muere agravio.

28. Viéndose amenazado de gran tempestad

Soneto

Recoge el temerario lino alado,
Palinuro, que miro el mar furioso,
y agravio hará (que le hace el poderoso)
solo de verte a tu defensa armado.
Calle el remo, aun el voto esté callado,   5
que es trabajar estar a tiempo ocioso.
Sobra el afán al que ha de ser dichoso,
pues que si lo ha de ser por olvidado.
Discreto es sacrificio el rendimiento;
donde no puede obrar la resistencia,   10
el furor estorbado dura y crece.
Que no hicieron los cielos la violencia
tan absoluta —y más si la arma el viento
que no la venza al fin quien la obedece.

29. En unas fiestas reales que se hicieron en el Parque, donde concurrieron todas las fieras opuestas con sus

contrarios, y un toro fue el vencedor; matóle su Majestad de
un escopetazo

    Soneto

        Bruto feliz, venciste; ya se inclina
        todo animal a ser tu viva historia.
        No te cupo en la vida la victoria,
        la victoria escondiste en la rüina.
        Muerte que ha menester fuerza divina   5
        deidad tuvo de Júpiter notoria.
        No fulminó Filipo: con más gloria,
        quien a esperarle se atrevió, fulmina.
        Hizo el deseo el tiro; obró la mano
        el golpe, cuando el bruto a doble herida   10
        su vida vio mortal, viva su suerte.
        ¡Oh gran tiro de dueño soberano!,
        que por el golpe le quitó la vida,
        y por el dueño le quitó la muerte.

30. A una pareja que corrieron el marqués de la Torre y don
    Bernardino de Ayala en unas fiestas reales

    Soneto

        Vuestra carrera creo y la imagino,
        pues solo deja señas de creída.
        Yo os vi tan uno que os sobró una vida,
        veloz marqués, alado Bernardino.
        La saeta en el viento cristalino   5
        no solo alcanzaréis, haréis dormida.
        Tarde os puse la vista en la partida;
        tarde, porque primero fue el camino.
        La vista os une, el número os difiere;
        ambos dicen verdad, aunque ninguno   10

de su verdad efectos manifiesta.
No permitáis que os dude quien os viere;
haced, por parecer dos, otra fiesta,
que, de igual, no se alaba lo que es uno.

31. A don Álvaro de Ataide, Inquisidor de Portugal, Sumiller de Cortina de Su Majestad, insigne en letras y en la predicación

Soneto

No donde plumas de oro el Tajo baña,
cisne de Lusitania peregrino,
es mayor, porque muera de divino
cuando su voz postrera al mar engaña.
Si cisne muere allí, cisne de España   5
en don Álvaro nace peregrino,
que a la inmortalidad abre camino,
con nueva voz que alegra y desengaña.
Vario en lenguas y en plumas, hoy dudosa
hace su patria, porque el suelo hispano   10
le pleitea, y el lacio y luso suelo.
Yo que quiero acertar su patria hermosa,
su espíritu contemplo soberano,
que éste no puede ser sino del cielo.

32. En la muerte de un caballero muy osado, que contra el escarmiento de haber visto en otros el peligro de un arroyo muy crecido, se anegó, queriéndole atravesar

Soneto

Dio el agua procurada sepultura
—ya no es fábula huésped— a Narciso.
El que imitar su clara muerte quiso,

el valor poseyó por hermosura.
Venturoso murió, pues le procura   5
reducir un ejemplo y un aviso;
pero quien llega al término preciso
puede ser desdichado con ventura.
Sufrió el cielo de dos el ardimiento,
o porque de ignorancia procedía,   10
o para refrenar tercero intento.
No murió don Antonio, que ya había
muerto cuando malogra un escarmiento.
Pues, ¿qué murió en las aguas? Su osadía.

33. Al padres M. fray Francisco de Soria, monje de san Basilio y predicador insigne, en un sermón que hizo a los desagravios de Cristo

Soneto

Hoy a tu brazo infiel, Hebreo esquivo,
yace Dios otra vez; no cual primero
divino fénix, en ardor severo
de altas cenizas se repite vivo.
Hoy nos llama a su amor lo discursivo,   5
pues amante murió tan verdadero
que, porque amor quedó por su heredero,
se nos vincula en fuego sucesivo.
Si pide el holocausto portentoso
plumas, que en ágil rapto den al suelo   10
noticias de misterio tan profundo,
no faltan, que a tu acento prodigioso,
insuperable Soria, fía el vuelo
un fénix de quien es Arabia un mundo.

34. Al padres M. fray Miguel de Luján, monje benito, en un sermón a San Juan

Soneto

Creyó el Jordán que vez segunda oía
la voz de Juan, que en vos determinaba;
que, a pesar de distancias, enfrenaba
a iguales pasmos su corriente fría.
Pudo dudar, pues os oyó este día,　　　　5
y pues a Juan oyó, cuál más obraba,
quién entonces las peñas ablandaba,
o quién hoy corazones persuadía.
Al cisne del Jordán imitáis tanto
que negras plumas, por quitar la duda,　　10
os viste el cielo con celoso intento.
Pero quedóse con la duda el canto,
y vos con el aplauso de la duda,
desmintiendo a las plumas el acento.

35. Al incendio pasado del Vesubio, en el libro, que le describió el licenciado don Juan de Quiñones, alcalde de la Casa y Corte de su Majestad

Soneto

Creció el infierno aquí, Nilo violento
de llamas, y tan ciego en lo enemigo
que de sus iras no dejó un testigo
ni a sus estragos permitió un lamento.
No pareció del cielo tal portento　　　　5
(aun en venganzas disfrazado amigo),
que el cielo, entre el presagio y el castigo,
siempre dejó caber al escarmiento.
Ardió el Vesubio; no la inclemencia

de Júpiter honró su infiel desmayo,   10
ni a rayos de agua le anegó el tridente.
El que tiene por alma la violencia
no ha menester para morir el rayo,
pues nace fulminado un accidente.

36. España agradecida a don Gabriel del Corral, en la traducción que ha hecho de los versos latinos de Su Santidad

Soneto

La voz a Italia, cuando el eco a España,
fía el sagrado cisne que venero.
Dúdase dónde se escuchó primero,
si el eco es voz, pues como voz engaña.
No es hoy la maravilla más extraña   5
de Urbano, que le admire el orbe entero;
ni ser mayor, por lo mayor pondero;
poder crecer en su mayor hazaña.
Y tú, Gabriel, que extiendes la armonía
del rey del Tibre por los campos míos,   10
canta, mayor que Orfeo en tu trabajo.
Que de Orfeo es lo más que se atendía
parar las ondas, no mezclar los ríos,
y tú juntaste el Tibre con el Tajo.

37. A don Agustín Collado del Hierro, en la conquista de Granada que escribía

Soneto

Noble ciudad, de reyes coronada,
firme a la clara luz de dos fortunas:
por glorias llenas de menguantes lunas,

después por soles godos ilustrada.
Desde hoy contemplo que una y otra espada 5
en manos de los tiempos serán unas,
y vencerán las fuerzas importunas,
del olvido y la envidia no domadas.
Aclamárate el Sol, firme y famosa,
en cuanta arena besa y lame espuma,   10
pues el cisne mejor hoy te ha cantado.
¡Oh, a luces dos, Granada victoriosa!
Por fama, vuelas en tan alta pluma,
por firme, estás sobre el mayor collado.

38. En la muerte de Sceva, Valerosísimo soldado que murió en la guerra civil de Pompeyo y César

Soneto

Sceva, después de la postrera herida
con que dejó su fama rubricada,
así vendió su muerte, así su espada,
ya que compró su gloria con su vida.
«¿No hay quien lleve —exclamó— de mí caída 5
la nueva a mi contrario deseada?
Porque siento el morir obrando nada;
importe yo difunto, u homicida.»
Dijo, y prendióle crédulo un soldado,
cuando el aliento con que ya espiraba   10
Sceva gastó en matar al atrevido,
diciendo: «Moriré, pero vengado
de la injuria de aqueste que pensaba
que, aun muriendo, me pudo ver rendido.»

39. Al padres M. fray Ignacio de Vitoria, docto predicador insigne de la religión de san Agustín, enviándole un vidrio de Venecia, estando enfermo

   Soneto

        Ese de la amistad indicio raro,
        ígneo docto, palacio de Agustino,
        que a ser espejo, más que riesgo,
        vino, pues salió de peligro, siendo claro,
        lisonja es contra Esculapio avaro;   5
        cuando, más que el humor fiero y maligno,
        niega al incendio opuesto cristalino
        y hace al rigor de más rigor reparo.
        Si repitiere (¡oh nunca!) el accidente,
        que el cuerpo, aun menos que el temor, inflama, 10
        y receláis el elemento al labio.
        Pues vaso de elección sois eminente,
        que hoy refriega la temida llama:
        templad la fiebre, imagen de su agravio.

40. Pregunta al mismo sobre un lugar de la antigüedad:
        Sic ames tanquam osurus, sic oderis,
        tanquam amaturus, etc.

   Soneto

        Escrito en Roma está, yo lo he notado
        —y aun me extrañé de incrédulo testigo—,
        que el que a más llegare con su amigo
        le tenga el pecho en parte reservado;
        porque si acaso le reduce el hado   5
        a padecerle ingrato o enemigo,
        fue juicio, o es venganza, hallar consigo

un fuerte del incendio no tocado.
Ignacio, pues, amigo como sabio,
este siglo feliz hoy os alcanza,   10
a vuestro arbitrio nuestra duda apela.
¿Cuál temeremos por mayor agravio:
la muerte noble de una confianza,
o la infame salud de una cautela?

41. A la Academia de los Prontos de Roma, que ya cursó el autor, escribió en lengua toscana este soneto, en memoria de la muerte de doña Teresa de Unzueta y Ribera, su madre, clara por todos méritos

   Soneto

Se cento voci di metal fiammanti
avessi per chiarir il mío dolore,
o come son presenti i danni al cuore,
sussurrò le sue voci, ormai sonanti.
Farebbe che le strali che ho davanti.   5
con le pene di amor, cinte all'amore,
volassero cosI, che, al tuo splendore,
accostassero i giri adesso erranti.
Ma tu felice ingegno (gi‡ beato),
rara belt‡ nel femmineo stuolo,   10
se eri dal ciel, perché onorasti il mondo?
Ma ben toccasti il tuo centro bramato,
che l'ingegno e belt‡ diedero il volo,
e solo il mío dolor resta profondo.

42. En la muerte de una dama ilustre por todos méritos
    Elegía fúnebre
    Hablando con una señora, deuda suya

Salga del llanto el son, y no del canto;

adonde nace el Sol, adonde espira
—Gerarda ya dichosa— suene el llanto.
Haz por caber un rato en poca lira,
pues supiste caber en tierra poca,   5
y estás do solo alcanza el que suspira.
Y aunque a los labios esta acción no toca,
pues la pena que vive de difunta
tiene hacia el corazón siempre la boca,
siendo boca que abrió la aguda punta,   10
que vida te causó y al mundo muerte,
responderá a la tácita pregunta.
Fuertísima naciste en no ser fuerte;
donde es pena el durar, morir es gloria;
suerte es salir, de donde entrar es suerte.   15
Es la hermosura tan sucinta historia,
porque añade a la vida un accidente,
que el momento aun se tarda en la victoria.
¡Ay hermosura mal lograda! Miente
la risa de la aurora; no es temprano   20
llorar al Sol en su dorado oriente.
De tus flores diciembre fue tirano,
que escaparse del filo tantas flores
aun fuera privilegio en el verano,
Mas, puesto que a los íntimos dolores   25
siempre el discurso, y nunca la tristeza,
alcanza del consuelo los favores,
debamos al discurso su fineza,
ponderando en primer lugar los daños,
por no sanar en falso un mal que empieza.   30
Dístenos en tu aurora desengaños
con tan cuerdo vivir que prometías
sin peligro vivir cabales años.
No por hermosa al mundo te ofrecías

como la flor que brinda al caminante 35
y es un antojo límite a sus días.
Espinas celadoras de diamante
tu púrpura velaban con ornato,
amenazas del más dichoso amante.
Mas, ¿por qué alabo el exterior recato, 40
si lo imposible nace defendido?
Aun de los ojos se profana al trato.
Que si tal vez prestabas el oído
(por ser preciso en la deidad) al ruego,
no tuvo puerta al alma este sentido. 45
Antes venciste, como Ulises griego,
en la lucha interior nuevas sirenas;
sí el otro de agua, tú de amante fuego.
Así llevaste atadas en cadenas
debajo de las ruedas triunfadoras, 50
sin pena de las nuestras, nuestras penas.
Mas, ¿dónde están las hebras voladoras
de la madeja de los tersos rayos,
con que, vecina al Sol, su luz mejoras?
El rostro, donde estaban vivos mayos 55
en cortes a votar la primavera,
¿cuál fue más, su poder o sus desmayos?
El compuesto semblante, ¿dónde impera,
en que a veces belleza rigurosa
fiera se finge y enamora fiera? 60
¿Qué es de la mano que hospedó a la rosa
entre cristales, o a la grave llama
de los ojos fue blanca mariposa?
¿Dónde está la beldad que muerta inflama?
Y el talle, que fue espejo de la vida 65
en lo ajustado, ¿qué región le aclama?
La risa que mataba sin herida

(por ser caro matar con el cuidado)
rindiendo siempre, ¿dónde está rendida?
Mas, ¿dónde voy, ¡oh Antandra!, arrebatado 70
de dolor, que parece en lo violento
a la hermosura de quien es traslado?
No porque el Fénix labre monumento
en ascuas de ámbar, en el fuego espira,
bien que lo juzgue el crédulo elemento.   75
Quema sus plumas, y a los cielos mira
de quien recibe eternidad gloriosa;
y es su acabar magnánima mentira.
Murió sin fenecer Gerarda hermosa;
sus virtudes nos quedan, si ella falta,   80
que el justo no se va, sino reposa.
Su fin tan solo al imprudente asalta;
no es maravilla, que es naturaleza,
de quien tanto creció, verse tan alta.
Ella vida empezó, que siempre empieza,   85
y con vida acabó, que siempre acaba.
Engañóse la muerte en su pureza,
que, como en frutos de virtud llegaba
a llenar cuanta edad vivir podía,
pensó el morir que a larga edad tocaba.   90
Tú volvieras en llanto la alegría,
oh Antandra, si del cielo la distancia
no usurpase la luz que nos envía.
Tu pérdida consagra a su ganancia,
y si en todo el común ejemplo obliga,   95
verás que la mayor vida es infancia.
¿Pasa de agosto la madura espiga,
que Sol del prado en mies dorada enciende,
la misma sed villana que mitiga?
El árbol, que la fruta brota y pende,   100

verde víbora muere de su fruto,
cuyo peso sus ramas postra e hiende.
Tal vez se viste de dorado luto
la arena, a quien corriente regalada
aseguraba sitio nunca enjuto.   105
A la torre de nubes coronada
amenaza la yedra, y desanima
del rayo la alta cólera sagrada.
La noche al día lid eterna intima.
Nace por suerte, muere por oficio   110
el tiempo, que es de sí callada lima.
Y no es consigo el tiempo más propicio;
que cual Saturno sus entrañas pace
y es de sí mismo eterno sacrificio.
Al agua, que en el mar profunda yace   115
y por caduca al centro se jubila,
penetra un torbellino y la deshace.
Al mismo viento el viento le aniquila;
su muerte es paz, en la discordia vive;
sepulta su furor calma tranquila.   120
Ni porque en ejes de diamante estribe
el cielo, las estrellas, Sol y Luna,
hay vida allá, que con la muerte prive.
Aun en los cielos es durar fortuna.
El templo, donde lo inmortal contemplo,   125
no dejará memoria o piedra alguna.
¿Adónde huimos, si padece el templo?
Y todo en la común tirana gime
que no deja vivir, ni aun el ejemplo.
Los huesos, que en el pórfido sublime   130
reposan, guerra o sulco los disuelve,
que aun de morir lo muerto no se exime.
De toda vida, en fin, que el mundo envuelve,

la de los hombres menos se asegura;
  un viento, un Sol, un gusto la resuelve.   135
  Y no es la admiración ver que procura
  su fin, siendo tan frágil, mas que, siendo
  tan sujeta a accidentes, algo dura.
  ¡Oh vida humana, rayo sin estruendo!
  Sobra la enfermedad que la desata;   140
  mortal enfermedad sintió naciendo.
  Oh tú, que estás donde el vivir no mata,
  donde no es ciego amor y ve sin ojos,
  y se entiende el querer y no se trata;
  venciste, y se quedaron tus despojos   145
  al mundo, porque en él vence quien huye;
  pues quien le asiste se vincula a enojos.
  Gerarda, el cielo a sí te restituye,
  de quien salió tu ser alto y perfeto,
  que ahora en claustros de zafir se incluye.   150
  Pisa nuestra inquietud en trono quieto,
  y a tus pies el temor y la esperanza;
  goza aquel puro, y no apurado, objeto,
  que quien le goza más jamás le alcanza.

43. Describiendo su estilo, y sus engaños con sus apasionados

  Epístola moral a Filis, dama de la corte
  Filis, al ocio de esta siesta hablemos
  un rato en mi dolor y en tu desprecio,
  culpables ambos, porque son extremos.
  Niégate a esa ventana, que algún necio
  querrá acechar mi acuerdo en tu delito,   5
  y, para el que es censor, todo habla recio.
  Deja aquesa labor, que ya marchito
  tienes el pulso, y es cesar justicia,

pues tus labores cunden infinito.
Filis, en tu perverso trato indicia 10
el mundo más engaños que en Medusa;
a más monstruos diriges la codicia.
Porque si aquélla, con fiereza infusa,
los hombres en peñascos convertía,
pasmando al orbe (que hoy en ti la excusa), 15
en aquella impiedad, piedad había,
pues al sentir quitaba el sentimiento,
y un mármol aún agravio prevenía.
Pero tú, con designio más sangriento,
al corazón, cual piedra endurecido, 20
animas con halago fraudulento.
Y cuando ves tu imperio obedecido,
armada de tiránica locura,
cebas el filo aleve en el rendido.
¿Cuál libertad está de ti segura? 25
¿Cuál corazón en la mortal esfera
feudo de amor no rinde a tu locura?
No tantas gentes militar bandera
agrega al son real de caja de oro,
a codiciosa lid antes que a fiera, 30
como tu industria, desde el indio al moro,
a Venus alistó cualquier vasallo,
haciendo tienda pública el decoro.
Si te viera Sinón, yo juzgo y hallo
que eligiera tu vientre el cauto griego 35
por más capaz de cuerpos que el caballo.
Mas con la sedición, codicia y fuego
que en ti contemplo, el Paladión se olvida;
con tus estragos fue, el de Troya, juego.
En el umbral primero de la vida, 40
cuando se engolfa el barco de la cuna,

en llanto de esta muerte repetida
lloraste, no la universal fortuna,
mas pidiendo llorabas, o el agravio
de no saber pedir con seña alguna.   45
Bocas fueron tus ojos, que al más sabio
movieron, no perdiendo por confuso
la interesada erudición tu labio.
Creciste, y luego Aragnes te dispuso
a hilar; sacabas de una astilla hueca   50
vellón, sirviendo de ganzúa el huso.
Allí notabas que una rama seca
rinde fruto, pulsada por el arte;
que estos estudios te adquirió la rueca.
Cantabas, no por diestra en esta parte   55
que el pájaro de Cumas, ni Caístro
contigo ni una cláusula reparte,
sino por desnudar del más ministro
la modestia con tonos desenvueltos,
de tu lascivo amor primer registro.   60
Si bailas, no miró miembros tan sueltos
en sus ninfas ribera gaditana,
ni pasos hacia Venus tan resueltos.
Hablan armadas de elocuencia vana
las manos, gime el ébano, y, herido   65
el aire, en diestros círculos devana.
El paso, de sí mismo interrumpido,
tropieza con descuido procurado
y esconde en el desmán lo socorrido.
Despiertan nuestros ojos al cuidado,   70
y al que no puede amor prende el deseo,
solo a bastardo incendio dedicado.
En fin, el noble y el plebeyo empleo
tiran en la coyunda de su vicio

el carro de tu loco devaneo. 75
Luego, con utilísimo artificio
este rendido número gobiernas,
desnudando al intento del indicio.
Al humilde le das lisonjas tiernas,
y engañas con platónica alabanza, 80
aplaudiendo sus ansias por eternas.
Y al que cansa por larga esperanza,
y se introduce audaz a los favores,
con destemplada voz le das templanza.
Y no tanto te extrañas, porque ignores 85
la condición del vicio ejecutivo,
que como el áspid se desmiente en flores,
como por conservar exento y vivo
el fuero libre del tirano gusto,
y que un lance no estorbe al sucesivo. 90
Pero lo que en tu imperio más injusto
se ofrece, no es que engañes con el trato
(que hay lazo en tu asechanza más robusto);
de tu talle, tu rostro, y de tu ornato,
por la ofensa del pueblo, me querello, 95
donde el mentir ostentas más ingrato.
El cabello, ya cano, si antes bello,
denegrido las tintas obedece,
y escondes el cabello en el cabello.
Color el rostro, sin color, ofrece; 100
no hay allí candidez, aunque hay blancura,
y en la cara, la cara no parece.
Pues no es más verdadera, no, la altura
que finge el corcho, pues si de él te apeas,
de ti será lo menos tu estatura. 105
Si quieres ver tu talle, no le veas
en ti, que aquella bien colchada cota

miente mucho, sino cuanto deseas.
Ese monte de faldas que se nota,
falsa nave de holanda cuando el viento   110
sus velas hincha y su soberbia azota,
es de, tu vanidad hueco argumento,
en cuyo hilado laberinto ignora,
preso, su libertad, Dédalo, el viento.
Pues si por esto se suspira y Hora   115
que es tu presencia y no eres tú, debieras
desmentir al que finge que te adora.
¡Oh idólatra de ti!, que en vano esperas
ser por mérito tuyo tan sublime,
como en nuestra lisonja te ponderas.   120
Cóbrate un rato y la altivez reprime;
anticipa con seso la venganza
del tiempo, que prevista se redime.
No confiado las velas abalanza
el piloto, por ver el viento amigo;   125
sabe que arman lisonjas la bonanza.
Y no en preceptos rígidos te obligo
a vivir sin vivir, porque el consejo
se malquista en las señas de enemigo.
Condeno tus abusos y te dejo   130
libertad en usar de tu belleza,
como tú pase a escándalo el despejo,
ni el arte aspire a ser naturaleza.

44. Elegía en la muerte de Lope Fénix de Vega Carpio, insigne poeta

Si, reducido a números, el llanto
imitase del canto la armonía
(ya que faltó quien inspiraba el canto),
pudiera con amarga melodía

hacer que el labio no clamase rudo 5
y que mi voz no pareciese mía.
No ocultará el dolor su causa; pudo
atar las voces que, a pesar del labio,
callado vivirá pero no mudo.
Grande es morir (mas natural agravio), 10
de cuya injuria pálida se lava
—vínculo eterno de memoria— el sabio.
Póstumo de su fama, no le agrava
morir; la parte, sí, mortal le deja,
pues no puede morir lo que no acaba. 15
Bien que, si nace del dolor la queja,
la parte que perdió juzga perdida,
porque con los sentidos se aconseja.
Murió, Félix, lo menos de tu vida;
en mucha fama escondes poca muerte; 20
escondióse la muerte en la hüida:
flecha del Parto fue, cobarde y fuerte,
que con la fuga la victoria infama,
y su acción hace equívoca su suerte.
Aun los alientos te heredó tu fama; 25
no atrevo a tus cenizas la mentira
(bien que ilustre) del hijo de su llama.
Hoy nueva eternidad a nueva lira
otorga el cielo; que si bien dispone,
que muera cuanto a números respira. 30
Hoy hace que tus números corone
la misma eternidad, y aun ella espera
vestirse de lo mismo a que se opone.
Tu voz a la del cisne se prefiera,
pues bien que te imitaba cuando yace; 35
jamás tu dulce voz será postrera.
Como al partir del Sol la sombra nace,

monstruo de hielo y sombra fabricado,
que en los campos del cielo estrellas pace,
estrellas que del Sol fueron cuidado,   40
porque cuando le apague el mar profundo
quede su imperio en ellas reservado,
sucediendo la Luna, Sol segundo,
eco de luz que del futuro oriente
nuevas derrama a la mitad del mundo,   45
así, después de tu valor luciente,
por los redondos ámbitos del cielo,
después que entre los astros se consiente,
paró, alcanzada de su mismo vuelo,
aquella pluma que, en haber nacido,   50
solo se confesó mortal al suelo.
De tus obras quedaste sucedido,
Lope, que, como claros luminares,
lucen contra la noche del olvido.
No pierden el honor de singulares   55
por muchas, ni de nobles, porque influyen
entre nobles aplausos los vulgares.
Que las glorias del Sol no disminuyen,
ni engríen las cabañas que corona,
ni las doradas torres más le incluyen.   60
Conozco que la envidia no perdona
a los mismos prodigios que sublima
Pitón, que tú venciste en Helicona;
y tus proezas cómicas lastima,
haciéndolas origen de los daños   65
que causa la calumnia de su lima.
Pues diste tanta luz a los engaños,
con antorcha moral, de los mortales
que ya sobra la escuela de los años.
Culpa son de contrarios naturales;   70

califícalo el Sol si reverbera
igual sobre materias desiguales.
Rebelde el barro, líquida la cera,
él se obstina al favor que ella agradece,
y un beneficio en ambos persevera.   75
Así inculpable, pura a sí florece
al ejemplo y al fruto aquella Vega
que opuesta siempre a los abusos crece.
Aquí la suspensión el paso niega,
y la vista, engolfada en llanto pío,   80
no hallando objeto de quietud se anega.
Mira el laurel que, en sus cenizas frío,
estrenó la primer ira del rayo,
(que no hay contra los años señorío).
Donde no el ruiseñor, volante mayo,   85
la siniestra corneja infama el viento,
plumada trompa del común desmayo.
Ya, si no es el dolor, todo es acento,
y aun el dolor por boca de la herida
quisiera hablar, mas es la voz aliento.   90
La gran cítara yace suspendida
de su silencio; con aullido ronco
la pulsa el viento, y aún derrama vida.
No es la de Orfeo que, al desdén de un tronco,
yace en fragmentos, a sufrir la huella   95
del tosco vulgo, del arado bronco.
Que a los fastos de España firme estrella
ilustrará la cumbre del Parnaso,
norte a cuantos presumen merecella.
Tú, que a la eternidad abriste paso,   100
y el negarte al comercio de los ojos
el atónito mundo llama ocaso,
vive exento de lágrimas y enojos,

en tanto que el dolor alivio adquiere
al ruido de tus métricos despojos.   105
Tu nombre sonará donde corriere
la rueda que Pitágoras escucha,
cuyo ruido a tu canto se refiere.
Allí verás que toda nunca es mucha
contra el vivir del tiempo la alta guerra,   110
donde siempre se vence y no se lucha.
Séate, pues, pirámide la tierra,
pues tu fama la erige ya tan alta
que en su confín tu extremidad encierra.
Goza, pues, de tu lira, que se esmalta   115
con nervios de oro a sacro Apolo asida;
pues para darte vida, que no falta,
faltó la menor parte de tu vida.

45. Carta escrita a un señor retirado, ilustre por todos méritos, de quien es muy confidente el autor

Si en el tumulto cortesano donde
vivo, claro marqués, tan sepultado
que lo más de la vida se me esconde,
puede mi ingenio, de mi amor dictado,
hablar y discurrir con un ausente,   5
de mí distante pero no apartado.
Pues en mi afecto os miro tan presente,
y la memoria así su objeto habita,
que el bulto solo la atención me miente.
Aunque sé que en los ocios se ejercita   10
vuestro valor, discurro que le atienden
contrarios mil, cuya victoria evita,
y, por diversos entre sí, os ofenden
con violencia mayor que por cuidados,
y unos, como en cadena, de otros penden.   15

Del cielo algunos nacen derivados,
de cuya oculta dirección y juicio
son ministros los días y los hados,
y, aunque hagáis de vos mismo sacrificio,
no romperéis el sello a estos secretos,   20
que secretos de Dios niegan indicios.
Hay también otro género de efetos,
de sus segundas causas dependientes,
neutrales y al humano obrar sujetos.
De éstos somos autores evidentes,   25
porque del bien o mal obrar se siguen
los fines a su origen respondientes.
Los que esta diferencia no consiguen
(amor o miedo su discurso aleja),
con ciegos votos en su error prosiguen.   30
Los efectos que el cielo oculto deja
pender de sí por un abuso ciego,
les defraudamos el aplauso en queja.
Aquel que en su interior desasosiego
es cómplice o gustoso o engañado,   35
aplíquese la enmienda, calle al ruego.
Pero aquel que obedece en su cuidado
decreto superior, causa primera,
frecuente el ruego y no corrija el hado.
Al sabio nunca la violencia altera;   40
antes en ella ejerce la prudencia,
y la causa del mal en él pondera.
Si en esa, pues, solicitada ausencia
imaginar en la fortuna os halla
no flaca, atormentada la paciencia;   45
y si el talento la defensa os calla,
cuando esconderse en la opresión procura,
mayor victoria en la interior se halla.

Y no en la soledad juzguéis segura
de este enemigo dulce la victoria,   50
si en sus ideas la memoria dura.
Que al continuo vencer se da esta gloria,
dándole al desengaño mayor mano,
que esgrime contra el alma la memoria.
No sin misterio Alcides el tebano   55
(guerrera paz de los mortales) pudo
extinguir de la Hidra el cuello insano.
No vencedor valiente ni membrudo,
pues siempre que troncaba una cabeza,
de siete el cuello se vistió desnudo.   60
Divina poseyó naturaleza,
según moralizó la edad antigua,
y en su virtud obró la gran proeza.
Pues con celeste fuego se averigua
que dio un cauterio al monstruo ensangrentado,
   65
como Ovidio pondera y atestigua.
Así, Fabio, de fuego sacro armado,
la gran hidra venced del pensamiento,
o estribe en lo quejoso o en lo amado.
Pues de violento acaba lo violento,   70
y aunque intentéis a la distancia asiros,
no hará pausa en la ausencia el sentimiento.
No cura con ausencias ni suspiros
el ciervo la saeta atravesada,
arando el bosque a lágrimas y giros.   75
El mérito es quietud, solo fundada.
Vuestros servicios, ya de fructuosos,
de la oliva pender pueden la espada.
Los años de Fernando prodigiosos,
hoy en bélicas glorias desatados,   80

honran preceptos vuestros religiosos.
Sus aciertos en vos fueron cuidados,
y vuestra protección en beneficios
el número volvió de sus criados.
Omito vuestra hacienda, que aun indicios   85
de ella apenas perdonan lucimientos,
calmados hoy, si bien ayer propicios.
Solo digo que en estos fundamentos
pudo fundar pirámides la suerte,
a colocar vuestro descanso atentos.   90
Pero de la quietud el sabio advierte
que está tan lejos, quien la dicha adora,
como el triste de quien huye la muerte.
Y porque de cerrar la carta es hora,
con un ejemplo os mostraré evidente   95
cuanto el mortal, lo que es quietud, ignora.
Cuenta la antigüedad que hubo una gente
tan crédula y sencilla que juzgaba
que el de lugar más alto y eminente,
más próximo a la Luna, granjeaba   100
mayor felicidad, y el más vecino
al cielo la asistía y la trataba.
A un monte, pues, de altura peregrino
subir los hizo el loco barbarismo,
cansándose en el crédulo camino.   105
Y viéndose en la cumbre y que lo mismo
distaba el cielo que en el sitio bajo,
desengaño les dio su engaño mismo.
De su inútil fatiga y su trabajo
consiguieron saber que el alto puesto   110
no es para sosegar medio ni atajo,
sino tener a la fortuna opuesto
el corazón no solo, mas el labio,

y firmes tolerar su vario gesto.
Vos, árbitro de vos, prudente y sabio,   115
mirad si en la república de adentro
os hace lo sensible algún agravio,
agravio en orden a buscar el centro
de fundada quietud que mira al cielo,
no resistida de sensible encuentro.   120
Y gozaréis, feliz en grato suelo,
del nombre y de la fama que os han dado
la virtud, la nobleza y el desuelo,
inmoble a la fortuna y sordo al hado.

46. Elegía a don García Salcedo coronel, Caballerizo de su Alteza, el Serenísimo cardenal Infante

Aunque perdida tuve la esperanza
de explicar mi dolor, pues le sentía,
si bien le explica, tal desconfianza,
me dijo amor, ¡oh ilustre don García!,
(veréislo en mis afectos desiguales),   5
que yo escribiese y él me dictaría.
Vos, que inmortal vivís entre mortales,
en cuya boca inundan de Hipocrene
los números que infunden sus cristales,
atended discursivo, porque suene   10
mi canto a vuestro canto prohijado
cuanto al asunto del dolor conviene.
Al son agreste del grosero arado
canta el rudo zagal, y con la reja
describe sus afectos en el prado.   15
Quéjase el caminante, y con la queja
piensa alejar la pena que le oprime,
siendo la voz no más la que se aleja.
Gime el lánguido enfermo, y, mientras gime,

engaña su dolor y a sí se engaña; 20
busca el agua que sueña, el aire esgrime.
Doma del mar indómito la saña,
cantando el bogavante al son del remo;
respóndele la mar menos huraña.
Y mientras ya sumiso, ya supremo, 25
rige el abeto en áspero ejercicio,
divulga al aire su afligido extremo.
Calle del ave no el amante indicio,
el libre sí, cuando la voz dilata,
que no siente quien canta por oficio. 30
Mueve los cielos consonancia grata,
y envuelve la fatiga en lo sonoro,
con que el siglo en el siglo se desata.
Yo solo triste callo por decoro,
desde que el Sol se muestra en oro vivo, 35
hasta que esconde su cadáver de oro.
Mas en número ahora discursivo
quiero que me debáis contar la pena,
que agravio si con números la escribo.
Y no porque a callarla me condena, 40
su causa con mis voces se profana,
ni aquí se explica; solamente suena.
Vi (nunca viera) de cristal y grana
ninfa gentil, o vida de la muerte,
estrago que la muerte no le sana. 45
Quedé a su vista, no de ajena suerte,
que el tímido zagal, cuando vecino,
el rayo escucha y el vestigio advierte.
O como, cuando errante peregrino,
en ignota región al aire ciego, 50
le halló la tempestad, le huyó el camino.
piloto fui que en desastrado juego

de agua voraz y viento vacilante
pide a la muerte el último sosiego.
Bebí el incendio de un vivaz semblante,   55
dulce nido de amor, que hacer pudiera
llama del bronce, polvo del diamante.
No en líquida obediencia al Sol la cera
así se ofrece, ni la llama pace
metal, que en el incendio se macera,   60
como mi pecho, que en cenizas yace,
al rayo de aquel dios postró su brío,
que infante rinde porque armado nace.
Ya mi razón, sin propio señorío,
ligada a la coyunda de los hados,   65
tiraba el carro al vencedor impío,
y mis sentidos mudos y forzados,
viendo rendido su infelice dueño,
inclinaron los cuellos elevados.
Volví, cual suele de funesto sueño   70
el que renace en alma de un suspiro,
a mirar el origen de mi empeño,
cuando a su lado en ponzoñoso giro
espíritus miré que embarazaban
del cielo azul el inmortal zafiro.   75
Los celos eran que se alimentaban,
por los espesos páramos del viento,
de esperanzas que en él se malograban.
Perdí la luz, la vida y el contento,
y sin contento, luz, o humana vida   80
soy de mí mismo un vivo monumento.
Alguna vez el alma enfurecida
romper intenta el hábito y el nudo
que la tiene a su esclavo sometida.
Otra contempla que, si cuando pudo   85

no se libró, podrá oponerse tarde,
roto en mil partes su sagrado escudo.
Pruebo tal vez, como en difunto alarde,
a dejarme llevar de mí tristeza,
pues ya murió quien vive de cobarde. 90
Y, como de un dolor otro se empieza,
mi firmeza este alivio me limita,
porque morir amando no es firmeza.
Propóneme la ausencia, y facilita
su antídoto engañoso si el deseo 95
en bultos vanos el amado imita.
Viene tal vez el desengaño, y creo
que me viene a curar médico aleve;
y, en hábito de juez, fingido reo
mata al que incauto sus licores bebe. 100
juzga el proceso de un amor errado,
y a ejecutar el juicio no se atreve.
En este laberinto sepultado
levanto el rostro, ilustre don García,
a que me déis el hilo deseado. 105
Porque si vuelvo a la ciudad del día,
viviremos la vida de la fama
donde se oyere la zampoña mía.
Y bien que vuestro nombre se derrama
desde tanto ascendiente victorioso, 110
hoy repetido en vuestra culta llama,
no menos vencedor y glorioso
quedar podréis en mi amorosa empresa
que en el sudor de Marte generoso.
Oeta por Alcides lo confiesa, 115
de quien el mundo ya fue presa poca,
y él, del amor, después humilde presa.
Entre tanto que súplice os invoca

quien procura sanar, no leve hazaña
en la dolencia de pasión tan loca; 120
en tanto que ni fuerza, auxilio, o maña
templar consiguen mi amoroso exceso,
deba yo a vuestra lira, honor de España,
ociosa libertad y libre seso.

47. Respuesta de don García Salcedo coronel, Caballerizo de su Alteza

Cuando obediente quiero aconsejaros,
erudito Gabriel, la pluma mía
duda cobarde si podrá obligaros.
Porque en su ciego error aquél confía
que, agradecido al propio sentimiento, 5
de lo mismo que ruega se desvía.
Lisonjear pretende su tormento
en la engañosa voz quien pide, amando,
remedios que no debe al escarmiento.
Vencer procura solamente, cuando, 10
en ajenas desdichas instruido,
no va su deshonor multiplicando.
O engañado seáis o persuadido
de más prudente celo; mi obediencia
vuestro impulso jamás ha resistido. 15
Escuchad en la voz de mi experiencia
cuanto, a pesar de la razón segura,
huyó precipitada adolescencia.
Lloré mi edad en sujeción oscura,
de mis locos deseos entregado 20
al imperio cruel de una hermosura.
Creció el número ciego mi cuidado;
aún hoy confiesan trágicos despojos
el duro efecto de mi error pasado.

Ya libre de tan bárbaros enojos, 25
distinguir puedo esclarecidamente
más puros rayos con despiertos ojos.
Temo el peligro que adoré imprudente,
y del antiguo daño la memoria
extinguir solicito diligente. 30
Así consigo la mayor victoria,
que no alcanza renombre soberano
quien se destruye en la adquirida gloria.
¡Oh aquel prudente que, con diestra mano,
la vez primera dibujó estudioso 35
niño y con alas al amor tirano!
miró, sin duda en el afán ocioso,
al miserable amante embebecido
entregarse al olvido licencioso,
y, careciendo de mortal sentido, 40
sulcar el aire con incierto vuelo,
de tantos vanamente repetido.
No menos docto acreditó el desvelo,
cuando de flechas nos propuso armada
la invicta mano, que adoró el recelo. 45
Porque la ejecución acelerada
de su ardiente rigor antes la llora
que la previene el alma descuidada.
¡Oh veneno infeliz!, en quien te ignora
la fuerza expende; no en el pecho mío, 50
que tu violencia conoció traidora.
Vencer tu bruta actividad confío,
que perturbar no puedes mi sosiego
cuando libre ejercito mi albedrío.
Vos, don Gabriel, si del amante fuego 55
templar solicitáis vanos ardores,
que producen mortal desasosiego,

prevenid, recatado en los temores,
vuestra mayor seguridad, negando
al peligro común tantos honores. 60
De floreciente edad en ocio blando
se engendra amor, y en próspera fortuna
crece atrevido su poder infando.
Rendido yace sin firmeza alguna,
cuando la suerte menos favorable 65
oprime sus rigores importuna,
o cuando la virtud infatigable,
con generosa ocupación, prefiere
atento afán a ociosidad culpable.
Lograd la vida donde torpe muere 70
el ciego error, que no aborrece el daño
quien el remedio a su dolor difiere.
Vuestro sea mi noble desengaño,
si no oscurecen su esplendor divino
gratos horrores de un sabroso engaño. 75
Vos, por quien altamente determino
el sagrado furor del dios luciente,
en modulante acento peregrino,
durad futuros siglos elocuente;
no eternicéis vuestra infeliz memoria 80
con propio olvido miserablemente.
Fácil se adquiere contra amor la gloria
del vencimiento en su primero brío,
pero después difícil la victoria.
Hüid prudente su rigor impío, 85
antes que duramente dilatado
esfuerce vuestro ciego desvarío.
¿Cuál ánimo en sus yerros obstinado
no admite la verdad del escarmiento,
en tantas desventuras fabricado? 90

Mirad del fuerte Alcides el violento
dolor que pudo en el sublime Oeta
facilitar el último tormento,
o en torpes aras la razón sujeta,
profanar con ajeno sacrificio 95
el sabio rey su religión perfeta.
Conduce a lastimoso precipicio
amor que lisonjea cauteloso;
menos seguro cuanto más propicio.
¿Quién ignora el efecto doloroso 100
de su injusto poder? ¿Qué providencia
no malogró su impulso riguroso?
En propia sangre con mortal violencia
manchó cruel la vengativa mano
quien aprendió su inexorable ciencia. 105
Dígalo en Colcos el ardor insano
que brutalmente suspendió el castigo
con las reliquias del infausto hermano,
o, en las segundas bodas enemigo,
el esposo infeliz, llorando triste 110
la alta rüina de que fue testigo.
Y si en la ajena adversidad resiste
seguro aviso el corazón doliente,
dígalo el riesgo en que penando asiste.
Que no podrá el destino, aunque inclemente,115
oscurecer vuestro discurso tanto
que apruebe el mal en sujeción ardiente.
¡Oh mil veces feliz!, si al dulce encanto
defensa prevenís incontrastable,
sordo a las voces de un fingido llanto. 120
Vivirá vuestro nombre memorable
donde libre entre arenas perezoso
Manzanares camina venerable,

y en cuanto ciñe el piélago espumoso.

48. A una belleza superior, cuanto noble, vista solo una vez
Décimas

Vi una beldad lisonjera,
a un tiempo vista y negada:
como dicha, imaginada;
como muerte, verdadera.
Huyó con veloz carrera   5
en fe de que fue homicida.
Mas de tan divina herida
solo siento que temió
(siendo quien miraba yo)
los riesgos de merecida.   10
Buscar quiso el corazón
la causa de su tormento,
pero teme el rendimiento
no le llamen intención.
Sospechas de galardón   15
no podrán oscurecer
un noble morir, sin ver
que no han de poder decir
que, sin tener que rendir,
aún me quedó que atrever.   20
Bien que falta cuando empieza
y solo en memorias dura,
mas parece mi ventura,
Marcia, que vuestra belleza
faltó con gran ligereza,   25
tal que apenas el sentido
se informó de lo lucido
porque obrase en mi cuidado
rendimientos lo mirado,

y adoración lo creído. 30
Ver un imposible es
fineza, que no osadía;
en negarse a la porfía
(no al riesgo) está lo cortés.
Mirarle amante, y después 35
temerle, es darle su honor,
que el alto examen de amor
es, careciendo de intento,
enfermar de atrevimiento
para morir de temor. 40

49. A una señora muy bella, el primer día que se calzó chapines

Décimas

Ya no sin trono reside
el ídolo de la Corte;
ya más elevado el norte
riesgos mayores nos mide.
No penséis que, porque pide 5
nueva altura, fue menor
este prodigio de amor,
que, aunque de nuevo se esmalta,
harála el chapín más alta,
pero no la hará mayor. 10
El pie, a cuya huella pura
respondió con tantas flores
el prado, nuevos honores
al alcornoque procura.
La venerada blancura, 15
con tesoros liberales
néctares le da inmortales.
Dulce abeja cada pie,

si padre de flores fue,
hoy es urna de panales. 20
Con dos atlantes el suelo
hoy explica su beldad.
Es aplauso y novedad,
cuando uno le basta al cielo.
Porque se adelante el vuelo 25
de este hermoso serafín,
hoy plumas no; calza, a fin
de hurtarles la ligereza,
chapín que, por más belleza,
plumas forma del chapín. 30
No de su divino bulto
nuevas aras pueden ser,
que ya no puede crecer
en veneración ni en culto.
Buscaba el desdén oculto 35
con que pisar lo rendido,
que ser de su pie ofendido
fuera equivocar la gloria,
y darle a amor la victoria
o la ventura al rendido. 40

50. Hablando con una dama, que estaba mirando el retrato
de un hombre que la había dejado
Décimas
No fue lisonja; fue agravio,
Filis, del necio pintor
dar a tu ofendido amor
ese símbolo de Fabio.
Menos fue pintor que sabio, 5
pues de tu ingrato atrevido
dispuso el bulto mentido.

Nada su pincel obró,
si el original le dio
toda el alma a lo fingido. 10
Pero, que estimas recelo
la luz de un pasado bien,
¿no ves que miente también
en que parece consuelo?
Si, por verle tu desvelo 15
firme en el metal, le mira,
cambia el agasajo en ira;
no te ayudes contra ti,
que solo está firme allí
en tu daño una mentira. 20
Y si sabes que es ingrato,
y aún te precias de fiel,
Filis, más sobra el pincel,
cualquiera pena es retrato.
Apláudele con recato, 25
si algo tu dolor deshace;
y si desdichada nace
para ingratos tanta fe,
sabe por lo menos que,
quien los estima, los hace. 30
¿No fuera más acertado,
buscando remedio al mal,
quejarte al original,
que a un insensible traslado?
Mas dictamen fue avisado, 35
de tu dolor discursivo,
buscarle menos esquivo,
pues no saldrá más incierto
dar vida a un retrato muerto,
que ley a un ingrato vivo. 40

51. A una dama que, con la aguja que labraba, se hizo mal
en un dedo, de que adoleció algunos días
	Décimas
	Hizo de lino la muerte
	cuerda al arco de Cupido;
	para mi pecho rendido
	sobrarále ser más fuerte.
	Porque mate y porque acierte				5
	flecha de acero añadió,
	cuando el mismo amor se hirió.
	Mas, ¡ay, Laura!, no me admiro,
	que así se dispuso el tiro
	donde más le sienta yo.				10
	De acero sutil abeja
	que la aguja en vuestra mano,
	cuando en el jazmín ufano
	grosera herida bosqueja.
	Mas del veneno en que os deja			15
	ofendida, Laura, agora,
	vuestra mano fue la autora.
	Ella os pudo hacer sentir;
	que, ¿quién os pudiera herir
	sino vos misma, señora?				20

52. A una dama que había de hacer una forzosa ausencia
	Décimas
	Partís, Anfrisa, de mí
	sin que yo parta de vos;
	ya veré que somos dos,
	que hasta agora no lo vi.
	No me admiro de que así				5
	se logre mi fe segura,

pues sé muy bien lo que dura
el bien de que amor me priva,
y que os hizo fugitiva
quien os hizo mi ventura.　　　　　　　10
Cruel, pero no entendido,
su batalla amor presenta.
Si me da tanto que sienta,
¿por qué me quita el sentido?
Si me ve al morir rendido,　　　　　　15
¿por qué quiere introducir
que, ausente, vuelva a morir?
No lo intentara, sabiendo
que no morirá en partiendo
el que no murió al partir.　　　　　　20
A nadie la ausencia espante
si es que el ausentarse siente,
pues nadie murió de ausente
si al partir vivió de amante.
Si del rayo de un semblante　　　　　25
librar la vida no puedo,
ten, amor, el arco quedo,
que, porque a tu honor aspiro,
siento que pierdas un tiro
donde se hizo tiro el miedo.　　　　　30

53. A un retrato del autor muy semejante, que hizo Juan de Van der Hamen, pintor insigne

Décimas

Niegas, oh insigne Vander,
al bulto que das aliento,
las voces y el movimiento,
y es por darle mayor ser.
Lo humano llega a tener　　　　　　5

número en lo que respira;
mas tu pincel, como aspira
a vida más soberana,
alientos niega de humana
a toda imagen que inspira.			10
Como nace a tu alabanza,
no tiene el prodigio voz;
pues ninguna es tan veloz
que tan alta empresa alcanza.
O fue que la semejanza			15
evitó en el colorir
el hablar, como el sentir,
para que el original
acierte a saber en cuál
de los dos ha de vivir.			20
Vivas voces y aun sentidos
dan tus pinceles veloces,
porque no todas las voces
se escuchan con los oídos.
Ojos que son advertidos			25
oirán a cualquier figura,
donde hazaña más segura
halló tu pincel valiente
en que calle lo viviente,
que en dar voz a la pintura.			30
Vive, pues (aunque fingida),
naturaleza mejor.
Pinta tu vida, y mayor
será que eterna tu vida.
La etenidad te convida			35
contra el tiempo fugitivo,
viendo que a tu honor altivo
dos muertes se han conjurado:

la mayor, como envidiado,
y la menor, como vivo. 40

54. Letra

Lo más padezco, que más
no puede mi mal crecer;
pues no hay más que padecer,
y aun eso padezco más.
Glosa
Quien lo más llegó a sentir 5
llegó a la gloria de amar.
¡Ay del que llega a sufrir
la pena del no penar,
sobre el penar del morir!
Así, amor, no negarás 10
que, tanto a éste, más me ofrezco,
que aunque no venga jamás,
en ver que menos padezco,
lo más padezco que más.
Como pudo darme amor 15
pena, pero no disgusto,
viéndome amar su rigor,
imagina ya que es gusto
y quiere hurtarme el dolor.
Pensar que ha de suceder 20
faltarme, aún es más mortal
que el mayor mal puede ser;
y, así, aunque crezca mi mal,
no puede mi mal crecer.
Juzga el amor que quitar 25
la causa es quitar las penas,
cuando me mira ejemplar
de reloj, que, hilando arenas,

es su fin su comenzar.
Menguar la causa o crecer 30
no altera al mal de su ser,
que, en faltando dolor nuevo,
siento el que siento de nuevo,
pues no hay más que padecer.
La violencia del dolor 35
trae de manera el sentido,
que ya no siento el rigor;
y en su lugar he sentido
el no sentir, que es peor.
O por suerte compadezco 40
ambos males, pues jamás
de imaginarlos carezco.
Pienso yo que no padezco,
y aun eso padezco más.

55. Letra
Como el bronce, que ya el fuego
Glosa
Cómo su pecho sería
(Anarda me preguntaba),
y qué labrar le podría?
Llevéla, donde labraba 5
el fuego, un bronce que ardía.
Tal experiencia la entrego,
con que claramente vio
antes él, como el que luego,
puesto que ya la mostró 10
como el bronce, que ya el fuego.

56. Contra un prometedor
Epigrama primera

En equidad, ni en rigor,
Fabio, cuando prometiste,
ni quedaste ni te hiciste
liberal, sino deudor.
Que al gusto de prometer,   5
(porque no hay gusto barato),
ya de los hombres el trato
le ha sentenciado a deber.
Y, pues, el don mío fue,
después que fue prometido,   10
todo lo que no has cumplido
pretendes que yo te dé.
Y no solicitas mal,
fiado en este argumento,
que yo te sufra avariento,   15
pues tú me haces liberal.

57. Al mismo asunto
Epigrama segunda
Dádiva leve me escondes
entre promesas, Tomás,
y cuando te aprieto más,
que no tarda, me respondes.
Llegarás a concluir   5
siempre, a quien siempre te aguarda,
Tomás; porque nunca tarda
lo que nunca ha de venir.

58. Al mismo asunto
Epigrama tercera
Cuando prometes y juras,
mil dones de engafíos llenos,
que cuando yo espere menos,

me han de llegar, me aseguras.
Si por lo demás merezco   5
que ya lleguemos al dar,
Fabio, por no lo esperar
yo sé que no desmerezco.

59. Al mismo asunto
Epigrama cuarta
Dos veces da quien da apriesa;
la primer dádiva es dar,
y la segunda acabar
la odiosísima promesa.
Tú, que la primera, Arnesto,   5
no das, que en el dar se funda,
sé franco de la segunda,
que algo da quien niega presto.

60
Diole una fiebre a Claredo,
y a Lesbio, el doctor, llamó.
Sanóle, y aunque sanó,
el doctor se estaba quedo.
Viéndole cobrar prolijo,   5
llamó médico mayor.
«Por qué —preguntó el doctor—
sano le llarnáis?» Y él dijo:
«No sobran médicos dos,
Lesbio amigo, en esta cura: 10
vos limpiáis de calentura,
pero no limpiáis de vos.»

61. Discurriendo en el campo sobre todo lo que se ofrecía a los ojos, y aplicándolo a su cuidado

Romance

En un estanque de plata
contemplo, Anarda, los cisnes
hurtar a mi amor lo casto
y a tu condición lo libre.
De la muerte de aquel hielo 5
risueño arroyo se exime;
no estaba muerto de veras
quien, vuelto a vivir, se ríe.
Del libro del desengaño
hojas son las que despide 10
aquella vid; poco amaba,
pues desengañada vive.
Aquella tórtola miente
en sus voces infelices.
Si triste, ¿por qué no calla? 15
Si goza, ¿para qué gime?
Entre mil verdes puñales
un lirio azul se resiste;
claro está, que en sus colores
los puñales se conciben. 20
A la cólera de un rayo
no estuvo aquel monte firme,
porque hasta un monte se cansa
de ser eterno imposible.
Mis varias penas retrata 25
de aquella fuente el origen.
El agua siempre es eterna,
pero nunca se repite.
Todo a la fuerza del trato
se ablanda, si no se rinde. 30
Solo mi amor, ¡ay Anarda!,
nunca espera y siempre sigue.

62. Disculpando la explicación de unos afectos
Romance

Rompe el silencio la voz,
de un amor todo respeto,
que si el hablar obedece,
delito será el silencio.
El viento lleva las voces;   5
piadosa industria del viento,
ya que llevó la esperanza,
es llevarse agora el miedo.
Sentir callando es delito,
presumido de misterio,   10
que intenta con mudas ansias
tener acciones al premio.
No es culpa, no, de la llama
del humo lo manifiesto,
pues nace sin albedrío,   15
para morir sin remedio.
Ya me vio tan recatado
de toda seña el tormento
que hacia el corazón lloraba
y suspiraba hacia el pecho.   20
Mas, desde que vi contrarios
lo muy amante y lo cuerdo,
el poder algo conmigo
quedó infamado de necio.
Herida la fiera gime   25
en lisonja del montero;
y de lo cierto del tiro
es alta prueba el lamento.
Este humilde sacrificio
arda, Filis, en tu templo;   30

menos mío por la llama
que tuyo por el precepto.

63. A una señora dama de palacio, un día que salió en la procesión de las Palmas
Romance
Salió dividido el Sol
en dos azules estrellas;
y, contra la ley del día,
se vio un oriente en dos puertas.
Otras luces se adelantan, 5
mas, en fe de mal opuestas,
con sobornos de inferiores
compraron fama de apuestas.
Hanme dicho que la pinte
los que no pudieron verla, 10
que a los demás en cenizas
informó de su belleza.
Tan blanca hermosura anima
que, engañada ya la abeja,
busca en su rostro las flores 15
que ha conocido en las selvas.
En la fuerza de sus ojos,
a pesar de desatenta,
iba cobrando el descuido.
trofeos de diligencia. 20
Aunque muchas la acompañan,
va sola; y, aunque se queda
después que pasaron otras,
dicen que va la primera.
Cuantas palmas se adelantan 25
su ardiente victoria ostentan,
y van llevando los triunfos

que ha ganado su belleza.
Ninguno a sus manos fíe
el remedio de sus flechas,　　　　　　30
porque espira entre sus manos
cuanto en sus ojos enferma.
En su boca breve y grave
risueño el clavel impera
los vasallos más en orden,　　　　　　35
cabal población de perlas.
En luces de ardiente nácar
su tez la rosa desprecia,
donde la nieve, no a copos,
a mariposas se quema.　　　　　　　　40
El candor de sus mejillas
más que la púrpura reina,
porque la color quebrada
se llama hermosura entera.
Este atrevido dibujo　　　　　　　　　45
hizo a su beldad ofensa,
en un disanto a quien daba
altivas señas de fiesta.

64. Conocimiento de un riesgo superior, que aun es osadía el temerle

Romance

Cómo me huelgo, pastores,
de que haya sabido el alma
cómo se pagan delitos
de mirar deidades altas.
De todo un Sol mariposa,　　　　　　5
su fuerza sufren mis alas.
Ni tanta luz me da vida, ni tanto fuego me mata.
Pena padezco sin culpa,

por más que osado me llaman, 10
pues nadie evita los golpes
que vienen sin amenaza.
Piadosos, curar me quieren
algunos con la mudanza.
Sin duda ignoran que el mundo 15
no tiene más de una Anarda.
La muerte civil remedio
es de pena tan hidalga,
porque quien amando muere
es ladrón de su constancia. 20
Quien la ausencia me acredita
déme poder, si le alcanza,
para que yo no me lleve
adonde quiera que vaya.
El desengañar mi pena 25
será desacreditarla,
que desengaña primero
aquel que se desengaña.
Nada que esperar me queda,
sino no esperar en nada. 30
A la muerte estoy, y tengo
en la muerte mi esperanza.

65. Bosquejo de una dama de muchos méritos
Romance
Aquí de Antandra, pastores,
pero no me socorráis,
que en quien muere tan dichoso
es grosera la piedad.
Si os admira ver que vivo, 5
medid con una deidad
la muerte que nace de ella;

veréis la muerte inmortal.
Mi pluma os dirá su riesgo.
¡Oh qué tarde os le dirá! 10
Adonde más que el aviso
sabe el golpe madrugar.
Valentía en el donaire,
despejo con gravedad,
la vista dé —mueran luego—, 15
el gusto dé —vivan más—.
Los ojos que por valientes
dicen con dulce ademán,
todos los pares de Francia
se rindieron a este par. 20
Dos albas sus manos son,
pues fuera infelicidad
en esfera de dos soles
haber un alba no más.
Hiere tan sutil su ingenio 25
como si antes el mirar
dejase vida a las voces
de un encanto celestial.
Esta es la copia de Antandra;
líbreme el cielo del mar, 30
que menos osadas plumas
su venganza fueron ya.

66. Hallándose en su amor obstinado a muchos desengaños
Romance

Pastor mal afortunado,
diligente pero necio,
si en mieses de desengaños
no has cogido un escarmiento
¿hasta cuándo solicitas 5

malagradecido suelo?
Coge (una vez advertido)
por lo medrado lo cuerdo.
El peinado afán del surco
cese ya, que tantos riesgos   10
ya no serán sacrificios,
sino cóleras al tiempo.
Con máscara de favores
te han salido los desprecios,
si sabes tomar el vaso   15
a dar vida en el veneno.
¡Ay de mí!, tan anegado
que me ha de sobrar el puerto,
pues ya el bajel en que bogo
es una tumba con remos.   20
Es un águila de lino,
crespa lisonja del viento,
desde donde, a luz de rayos,
lo hermoso de un Sol contemplo.
De cuya insanable herida   25
no he de curarme; que temo,
después de intentarlo en vano,
hacer malquisto al remedio.

67. Retrato de una dama que, por bella y entendida, se equivocaba lo insigne

Romance

Anarda va de retrato;
no es valor, sino licencia,
que de plumas de tus alas
se arme un pincel que te ofenda.
Así el águila, que el Sol   5
escala al viento, desprecia

plumas que las flechas vistan,
porque ha de burlar las flechas.
Es natural su hermosura,
mas tanto el milagro ostenta   10
que nos muestra milagrosa
la misma naturaleza.
En su rostro a luces tantas
el jazmín templado anhela,
que ya la nieve alevosa   15
de otro elemento se precia.
En sus cabellos sutiles
retrató sus agudezas;
los cabellos imagina
y los pensamientos peina.   20
En la que llaman nariz
pincel natural ostenta
los primores de quien sabe,
con venturas de que acierta.
Hace su cuello al cristal   25
nuevo linaje de ofensa;
a competencias le admite
y a victorias le desprecia.
Para dibujar sus manos,
no halló caudal la azucena,   30
porque se vino al examen
aun sin vanidad de apuesta.
Su ingenio, mayor que rayo,
vive en su divina esfera,
pues con prodigios avisa   35
y sin estruendos penetra.
Desde que escuchó su canto,
dice la admirada aldea que no canta, mas porfía,
ya el ruiseñor en las selvas.   40

Robó su ingenio y su gala
el mayorazgo a las feas,
a tiempo que a las hermosas
quitó el tributo de necias.
ésta quiso ser la copia, 45
zagales, de una belleza
que hizo de mis osadías
lo que el Sol de las estrellas.

68. Deposición amante de su rendimiento
Romance

Cautiváronme dos ojos,
como Dios hizo un Argel
y, sin tener ley alguna,
quieren que guarde su ley.
Hicieron de mí sus rayos 5
lo que el áspid del clavel,
la esfinge del caminante
y el segador de la mies.
Dos años ha que los vi,
que nací, mejor diré, 10
pues se empieza de la dicha
más que del tiempo el nacer.
Tan otro soy del que fui
que, admirado alguna vez,
me pregunto por mí mismo 15
y no me sé responder.
Pero estése la piedad
donde quisiere el desdén,
que un premio tiranizado
es lisonja de una fe. 20
Eslabones arrastrando,
pienso frecuentar sus pies

por ver si obligo deidad
la que no puedo mujer.
Y, mirando las cenizas   25
en que se volvió mi ser,
dirán los escarmentados:
«No Troya, aquí Antandra fue.»

69. A una dama que, queriendo ser tercera de otra, enamoró a un hombre

Romance
Bien el corazón, señora,
mi cuidado le dijo
que andaba por ser mi muerte
quien me sirvió de peligro.
Quiero estimaros, mi riesgo,   5
el primer agradecido,
que el beneficio agradece
si es la muerte el beneficio.
Quisisteis en otros ojos
ensayarme de rendido;   10
quien para vos los amaba
mereciera en el delito.
Si acaso unir procurasteis
dos corazones distintos,
ya os acusan los efectos   15
de alevosa en tal oficio.
En ajenas perfecciones
me habéis, cual áspid, herido,
que, oculto en nube de rosas,
vierte secretos hechizos.   20
Seguro, por vos expuse el pecho a fáciles tiros;
que vive seguro en otros
quien nace a daños divinos.

Permitirme vos el pecho 25
a incendio menos activo
os dirán que ha sido riesgo,
pero yo le llamo arbitrio.
Quien os miró mal pudiera
durar, si no es que el martirio, 30
por dulce, dejase al pecho
con presunciones de vivo.
última siempre experiencia
seréis de nuestros sentidos,
y en la esfera de los necios 35
solo no tendréis cautivos.

70. A una ausencia que hizo un señor para desengañar algunos mal intencionados juicios

Romance

Parte Doristo, el mar firme,
a los montes de Aragón,
que por firmes hoy pretenden
ser retratos de su amor.
Tan sin albedrío parte, 5
después que a Filis le dio,
que hasta los pasos le suelen
preguntar por la intención.
La envidia, que a todas famas
es basilisco de voz, 10
en ella miente una dicha,
finge en él un galardón.
Por ver si están enlazados
intenta su división, que en los finos
no hay más prueba 15
que ver si saben ser dos.
No logrará la cautela,

         que de la ausencia el rigor
         podrá verlos apartados,
         pero divididos no.   20
         Ella, temiendo la ausencia,
         padece su ejecución,
         que corre sangre en lo amante
         la pena desde el temor;
         cuando a sus sollozos dijo   25
         alguna piadosa voz,
         viendo pintar al semblante
         la ofensa del corazón:
         «Vivas lágrimas, no hagáis
         ofensa temprana al Sol,   30
         que se quejará la ausencia
         de hallar gastado el dolor.»

71. A cierta dama en un día de Santiago que salió al campo
     Endechas
     Escúchame, Licio,
     escúchame agora
     que está ciego el aire
     y la noche sorda.
     El ganado duerme;   5
     el céfiro sopla
     esperanzas mías,
     pues suyas son todas.
     Íbame yo al soto,
     que el mayo le entolda,   10
     su primero día,
     de adelfas y rosas. Estaba la villa
     muy cerca de toda,
     lejos de sí misma   15
     (más consigo propia),

cuando miro, ¡ay triste!,
en una carroza,
al Sol, que allí estaba
cerca de las ondas.   20
Era el Sol Antandra,
que, entre mil pastoras
muy acompañada,
estaba muy sola.
éranse los ojos   25
del color y forma
que tiene ventura
el que los adora.
De su frente el alba
los jazmines roba;   30
nunca se echan menos,
porque siempre sobran.
¿Has visto (no has visto,
pues vives) la boca
do el viento se peina   35
con dientes de aljófar?
Quien miró su cuello
dice que se nombra
cristal de garganta,
no cristal de roca.   40
Hasta ver sus manos
tuvo vanagloria
de limpia la nieve,
de blanca la aurora.
Toda la zagala   45
es lisonja airosa del cielo (si cabe
allá la lisonja).
Espiraba el día,
y, porque las horas   50

más y más se tiñen
en la negra sombra,
a la corte vuelve
la confusa tropa,
incierta, cual suelen   55
discurrir las ondas.
Quedé como muerto,
aunque sé a mi costa
que el que muere amando
pierde vida poca.   60
Descolgué de un mirto
mi ruda zampoña
y en prontas cadencias
la canté esta copla:
«Más valéis, Antona,   65
que la corte toda.
La envidia os alabe
por humana diosa;
lograos como fea,
matad como hermosa.   70
Más valéis, Antona,
que la corte toda.»

72. En la muerte de Lisis, cuya edad temprana y méritos de virtud y belleza empeñaron mucho la común lástima

Romance

¿Adónde está el Sol del prado?,
que solo miro, pastores,
un silencio mudo y triste
por alcaide de la noche.
La gran fábrica del día   5
aún era atalaya torpe
la vez que envidiosa, quiso

registrar sus resplandores.
¡Ah! ¿De parte de la muerte
triunfante, Lisis? Responde.   10
Cuando da voces un triste,
dar puede un difunto voces.
Quiero pensar que me escuchas
de esotra parte del orbe,
supuesto que las deidades   15
jamás por distancias oyen.
Dos mares mis ojos fueron
llorando tu ocaso noble,
que son menester dos mares
cuando se ponen dos soles.   20
¿Quién dice que sobre Alcides
no estriba el cielo sus bronces?
Hombros tengo yo que tienen
ejecutorias de monte.
Como cuando arroyo libre,   25
huyendo del cierzo, rompe
(del cierzo que, toro alado,
le sigue en cumbres y en bosques),
hasta que, embargado el paso
del hielo y de las prisiones,   30
con un manto engaña al aire
y después oculto corre;
así, soberana Lisi, robada, a la fiera enorme
de la muerte la ocupaste   35
con aparentes candores;
y, huyendo secretamente,
al mar inmenso te acoges
que tiene estrellas por peces
y por ondas tiene dioses.   40
Diste el último suspiro.

¿Tanta cólera en un golpe,
cielos? ¿Allá cabe envidia?
¿He de pensar que sois hombres?
Difunta te vi tan bella,   45
y el semblante tan en orden,
que, a no avisarme mi afecto,
no creyera a tus facciones.
Vive, pues, tan largos siglos
que hagas los números pobres,   50
y a mi acero dé sus rayos
la que supo hacerse norte.

73. Pidió una dama celos a su amante a tiempo que él, o acaso o de industria, la dio un ramillete de violetas azules

Romance

Notaba Angélica un día
en las flores de un verjel
cómo tropiezan las dichas
el morir con el nacer.
Vio requebrada una rosa   5
del silencio de un clavel,
sabiendo decirla mucho
en la lengua de no sé.
Algo también se arrimaba
a una violeta que fue   10
infierno de un alma hoy
y cifra de un cielo ayer.
La rosa apenas nacida,
desdichada antes de ser,
pues al clavel más vecina   15
le padeció descortés.
Mustia se volvió al botón,
sintiendo el trato infiel,

que para entender agravios
sabrá una flor entender. 20
Con este agüero la mora
discursiva venir ve
una desdicha con alas
en un amante con pies.
Pidióle cuenta de entrambos, 25
con pedirla solo de él,
porque le ha chismado el alma
que guarda el moro otra ley.
Por celosa se declara,
y dicen que aquesta vez 30
fue la primera que amor
la conoció por mujer.
En las manos del amante
hay flor que acusa su fe,
porque salen al delito 35
colores como a la tez.
Proceso de celos digo,
que el delincuente cruel
ciegamente le entregó
a la que es parte y juez. 40
«¡Ay! —dijo Angélica entonces—,
que me maten, si no es
el ser querido muy mala escuela para querer.»

74. Retrato en seguidillas

Al retrato de Antandra
venid, zagales,
pues que todos sois suyos
y ella de nadie.
Frente cándida y pura, 5
nube de rosas,

primavera de bulto,
alba de aljófar.
Negros rayos peina,
porque a sus soles   10
(si se niegan dormidos)
siga la noche.
La nariz perfilada,
arco de vidrio
que serena los rayos   15
de dos prodigios.
Si el coral de su boca
sus voces abren,
es en flores de ingenio
ámbar el aire.   20
Tema amor su garganta
si es marinero,
que peligran las naves
en el estrecho.
Tempestad de jazmines   25
vierten sus manos;
guárdense de la nieve,
que es toda rayos.
Es su talle airoso,
verdad con alma;   30
no quebrando nunca,
siempre adelgaza.
Es, al fin, su hermosura
dicha de necia,
y su ingenio y donaire   35
dote de fea.
Quien llegare a verla
no ha de escucharla,
que una vida y dos muertes

nadie las pasa. 40
Es su voz divina
piélago de ámbar;
mis oídos, bajeles;
mi atención, calma.
El estilo y agrado 45
matan de modo
que hacen falta las vidas
para lo hermoso.
No puede la justicia
darnos venganza; 50
halla los heridos,
teme las armas.
Basta ya de Antandra,
zagales, puesto
que los imposibles 55
son del silencio.

75. A una hermosa dama, llorando la muerte de un religioso anciano a quien era afecta

Romance

Llora el Sol del alba bella
los usurpados cristales;
vistióse temprano el Sol,
despertó la aurora tarde.
Negro a dos luces el día, 5
con preciosas tempestades
quiere anegar mil claveles
en diluvio de diamantes.
Salir el Sol de las ondas
es ley del día que sale, 10
mas ¿quién hasta agora ha visto
que salgan de un Sol dos mares?

No es agua la que se vierte;
por eso el amor se guarde,
que si las alas descuide, 15
a fe que no se las bañe.
Cada lágrima en las flores,
tan sin piedad, es un áspid
que, en deshaciendo al que mira,
al momento se deshace. 20
Cautela fue del incendio,
porque no le evite nadie,
dormir en agua seguro
y hacer peligro del traje.
¿Qué Horas, Antandra hermosa, 25
al que en las plumas del aire
voló al escuadrón de Cristo
que triunfa y no combate?
De balde la muerte compra
el que ya vive de balde; 30
ni tiene achaque la muerte
cuando ya es la vida achaque.
Siempre madura la espiga
a sombra del corvo alfanje;
agosto tienen los meses, 35
como vejez las edades.
Si lloras de verte tierna,
miente el sensitivo alarde;
también una piedra llora
plata viva en vena fácil. 40
Si el triunfo ajeno lamentas,
porque a tus ojos no yace,
corriérase de ser tuya
muerte que dura un instante.
Si por muerto te enternece, 45

alégrese algún amante,
que antes de espirar, señora,
madrugó para cadáver.
Bien lloran enjutos ojos,
que es desembarazo grande, 50
cuando está en el alma el fuego,
hallar la fuente y la llave.
Serénese, pues, tu cielo,
o le dirán los zagales
que llora mal un difunto 55
la que mata con llorarle.

76. A Filis llorando una ausencia de su amante
Romance

Perlas lloraba la niña
al ausentado zagal.
Si perlas son las que llora,
no la digan no haya más.
Centellas líquidas vierten 5
dos soles de par en par.
Donde es el agua de fuego,
los rayos, ¿de qué serán?
Rompe a la ausencia los fueros
su imaginación leal, 10
pues no puede haber ausencia
donde distancia no hay.
Suspensa, a nadie responde,
y, callando, dice más.
Sin duda dentro del pecho 15
esconde con quien hablar.
Las selvas, que cinco lustros
de Sol la juraron ya,
por tanto luciente indicio,

que a rayos cuenta su edad, 20
hoy, viendo que es de sus ojos
árbitro eterno el cristal,
aplausos de aurora tierna
dan solos a su deidad.
«Aves —repite la bella—, 25
estos suspiros llevad
de valles de Manzanares
a montes del Escorial.
Sí voláis, teniendo amor,
dichosas pues que voláis. 30
¡Ay de quien ama y no vuela!
¡Ay de quien vuela y se está!
Volad, volad,
que, si lleváis suspiros, jamás podréis parar.»

77. Romance

Ya viene la primavera,
y no viene en el abril,
sino en la beldad de Antandra,
de la tierra serafín.
Ya viene de aquestos montes 5
la cazadora gentil,
dejando viva la fiera
que tiene dentro de sí.
Los despojos de la caza
está mirando venir 10
a sus manos uno a uno
y a sus ojos mil a mil.
Miréla, y con tanto miedo
he quedado de vivir
que no me atrevo a buscarme 15
donde sé que me perdí.

Pero no se queja el alma,
porque incendio tan feliz
supo llegar a ser vida
por la senda del morir.   20
Selvas, sí veis a la Venus
de nácar y de jazmín,
informadla de mis ansias
con decirla que la vi.

78. Al duque de Medinaceli en una máscara que corrió aventajadamente

Romance

Al arco de mi instrumento,
gran duque, una cerda fía,
por si te muestran mis voces
tan grande como me inspiras.
Hoy, a tu esfera seguras,   5
mis libres alas arriban,
pues en todo un mar no caben,
de tanto osar, las cenizas.
El no alcanzarte mi vuelo
es tu culto, gran Medina,   10
supuesto que a las deidades
ofenden nuestras noticias.
Pero ya me ocupas todo
y a Júpiter tanto imitas
que luciste aquella tarde   15
como virrey de su día.
Solo estuviste entre todos;
es verdad que te asistías.
El número, no el aplauso,
fue quien te dio compañía.   20
Ya la palestra te logra

donde la Corte y la villa,
en virtud de tanto objeto,
hacen mérito la envidia.
Pintar el caballo inquieto   25
fuera in propia valentía,
si el objeto ha de mostrarse
sosegado a quien le pinta.
Agora, dioses, agora
los palacios de la vida   30
dejad, y veréis carrera
que no estampa lo que pisa.
No vuelta la boca al aura,
del Betis fecunda pía,
tan airoso fuego engendra,   35
ni rayo tan ágil cría;
no de Apepino en los hombros,
cuando todo el viento silba
en trueno más espantoso,
se sacuden las encinas;   40
no el Etna espumoso fuego
por su fiera boca espira,
ni tanto infierno desata
en su bárbara saliva;
como el alazán hinchado   45
(despeño con ley) se envía
a correr, y aun no parejas,
con su ligereza misma.
Nave del viento es tu lanza,
y tan rápida se libra   50
que deja al aire por torpe
y navega en su rüina.
No así la flecha del Parto
pasa en el aire por línea,

pues aún la atención la tiene 55
por fábula de la vista.
El breve cerco de acero,
después que le honró su herida,
se tiene ya por corona,
que es grande para sortija. 60
Oculta en piel de diamante,
de Marte una estatua viva
a los ojos y a las armas
otro espectáculo intima.
Con procurada firmeza 65
del duque aguarda las iras.
¡Qué mucho, si el brazo heroico
hace el golpe de codicia!
Cuanto le destruye airado
famoso le inmortaliza. 70
Más es que Olimpo de bronce
quien fulminado porfía.
De Jove fue diligencia
cuanto airoso el duque vibra.
«¡Ay! —dijo—, que aquel gigante 75
se me olvidaba en Sicilia.»
Tan menudamente ocupa
cielo y aire con astillas
que corrió siempre a la sombra
el héroe que le seguía. 80
Mas ya los objetos
todos la noche en uno envolvía;
lo natural solo entonces
pudo parecer desdicha,
cuando al rey cuarto del cielo 85
siguen las estrellas ricas,
y luceros españoles

al cuarto Sol de Castilla.

79. Estando en Aranjuez a la orilla del Tajo
Romance
El viento dando en las hojas
y las fuentes en los jaspes
para que en arpas de vidrio
vuelva el Tajo los pasajes.
Paradas sobre los olmos, 5
las atentísimas aves
dejan cantar al silencio,
como músico más grave.
Un ruiseñor, presumido
de retórico del valle, 10
que en alientos y en colores
es primavera volante,
presumiendo que le oían,
haciendo del pecho alarde,
comenzó a templar el pecho 15
a un órgano de cristales.
«¡Ay! —dijo, viendo una rosa
que brotaba el rojo esmalte—,
por el botón o la cuna,
¡qué presto será cadáver!» 20
Tú, que a la ciudad del día
pintada hermosura naces,
si quieres vivir eterna
contra el cuchillo del aire,
imita del dueño mío 25
los carmines naturales,
donde es la naturaleza
florido azote del arte.
Tan vivos son sus colores

        que de abejuela arrogante   30
        fueron engaño más dulce
        que del clavel las verdades.
        Haz tus espinas pinceles
        que su aspereza retraten,
        y determinen la duda   35
        de cómo es fiera si es ángel.
        Y si de sus perfecciones
        naces al florido examen,
        líbrete Dios de la envidia,
        más venenosa que el áspid.   40

80. Al conde de Santillana en una fiesta de toros que lidió valerosamente

        Romance
        Valiente eres, español,
        a cuyo lidiar valiente
        primero que los combates
        madrugaron los laureles.
        Porque en los aciertos tanto   5
        te anticipas a la suerte
        que con el brazo descansas
        y con el intento hieres.
        El animal que en Jarama
        furias pace, rayos bebe,   10
        torbellino coronado
        de dos afiladas muertes, tu acero busca por
           logro.
        Vida mayor le concedes:
        subiendo de bruto a signo,   15
        acaba, pero no muere.
        Mas callen riesgos humanos
        cuando al mayor te concedes,

armado de tu osadía,
que es la defensa más fuerte. 20
Y vuelta la espada en lanza,
en mármol vuelto el jinete,
el despeño en gallardía
y el suelo en tibios claveles,
de un bruto el primer coraje, 25
a dos pasos de su albergue,
domaste, y en una herida
se hospedaron sus dos sienes,
cuyas eternas columnas
quedarán al mundo siempre 30
por non plus ultra de hazañas,
y tú de osados por fénix.

81. En la ausencia de un amante que, por verle desinteresado en su cuidado, le achacaban ciegas calumnias

Romance

Amado parte Doristo;
sabe Dios si volverá;
que si sabe que es amado,
podrá Filis olvidar.
Ausentóse de muy fino, 5
porque quien presente está,
o no los tiene o malogra
los méritos de leal.
La envidia de muy conformes
los acusa, porque ya 10
comienza en los desdichados
a ser delito la paz.
La decencia dan por culpa,
y es tanta su ceguedad
que le acusan, si se vuelve, 15

y le muerden, si se va.
Pura y cortés mariposa,
de una llama de cristal,
en la región del respeto
quema las plumas, no más.   20
Mas, como la envidia es ciega
y la ofende la verdad,
juzga el incendio en el humo
y habla del origen mal.
Probó a partirse el garzón   25
(dura prueba en el amar);
tan partido que en la pena
solo no es hoy su mitad.
Pues tan entero dolor
hoy consagra a su deidad   30
que aun al morir no se otorga
porque no excuse su mal.
Su amante amada le atiende,
cuyos dos soles están
llorando vivas estrellas   35
en preciosa tempestad.
Porque sabe que anochece
hacia el alma, y así van,
virreyes de sus dos soles,
las estrellas a alumbrar.   40
¡Ay del llanto que no sale!;
que, en experiencias de amar, el que no sale a los
  ojos
a los ojos sale más.

82. Metáfora de una rosa a una doncella que había padecido la primera ofensa en el recato

Letra

Esa rosa que ves, zagalejo,
y el ave grosera volando picó,
ya no es flor, que a los aires se queja
de verse, aunque rosa, robada y sin flor.
Glosa
A sí misma semejante   5
nunca verás la hermosura,
porque miente lo que dura
la belleza más constante.
Es la dicha del amante
de tan incierta fortuna   10
que nació varia la Luna
a ser Luna de su espejo.
Esa rosa que ves, zagalejo,
y el ave grosera volando picó,
ya no es flor, que a los aires se queja   15
de verse, aunque rosa, robada y sin flor.
Verás beldad que, homicida,
a herir y obligar alcanza,
que despide a la esperanza
y a los sentidos convida.   20
No lo creas en tu vida,
si buscas de amor la palma,
porque siempre contra el alma
dan los sentidos consejo.
Esa rosa que ves, zagalejo,   25
y el ave grosera volando picó,
ya no es flor, que a los aires se queja
de verse, aunque rosa, robada y sin flor.
Al gusto más poseído
que llega a mayor edad   30
le sobra la enfermedad,
pues muere de haber nacido.

Es un rayo sin rüido
la luz de la dicha, Bras;
contento que dura más 35
tiene el pesar por reflejo.
Esa rosa que ves, zagalejo,
y el ave grosera volando picó,
ya no es flor, que a los aires se queja
de verse, aunque rosa, robada y sin flor. 40
No se queja de morir
la flor de la aguda punta,
que, para verse difunta,
harta causa fue lucir.
Solo pudiera sentir 45
que tan riguroso daño
no escribiese el desengaño
cuando violó su bosquejo.
Esa rosa que ves, zagalejo,
y el ave grosera volando picó, 50
ya no es flor, que a los aires se queja
de verse, aunque rosa, robada y sin flor.

83. Glósanse estos dos versos, aplicando el sentido de ellos al silencio de quien ama

Letra
Quiero, y no saben que quiero;
yo solo sé que me muero.
Glosa
Pensamiento venerado,
a que calles te sentencio,
pues solo un mudo silencio 5
es bueno para cuidado.
Yo te dejaré explicado
en no poderte explicar,

pues nunca se pudo hablar
dolor que fue verdadero.   10
Quiero, y no saben que quiero;
yo solo sé que me muero.
No he de decir lo que siento,
aunque muera de sentir,
y temo solo el morir,   15
porque dirá mi tormento.
Quien hizo dulce alimento
de penar y padecer
penará con el placer;
por eso el placer espero.   20
Quiero, y no saben que quiero;
yo solo sé que me muero.
Mi mal no recibe medio,
ni aun la muerte ha de curarme,
pues solo para faltarme   25
se hizo la muerte remedio.
De un mar de rayos en medio
estoy atado a la vida,
y siempre el golpe homicida
es mortal y no es postrero.   30
Quiero, y no saben que quiero;
yo solo sé que me muero.
No me agradezcan morir
sin confesar lo que siento,
que hay género de tormento   35
dado para no decir.
No pudiera yo sufrir
dolor tan alto y tan fuerte,
si no guardase la muerte
a mi firmeza su fuero.   40
Quiero, y no saben que quiero;

yo solo sé que me muero.

84. Otra glosa al mote mismo
Quiero un desdén apacible
—y, si hay ángeles acá,
un ángel quiero— que está
más allá de lo imposible.
Quiero sufrir lo insufrible					5
de amar y no merecer,
de sembrar y no coger,
pues he de morir primero.
Quiero, y no saben que quiero;
yo solo sé que me muero.					10
De altura tan singular
es la causa de mi empleo
que con el vano deseo
aún no la puedo igualar.
De mí me puedo quejar					15
si, conociéndome humano,
de amar lo que es soberano
prudente no desespero.
Quiero, y no saben que quiero;
yo solo sé que me muero.					20
Al Sol le cuento las venas
lucientes, que llaman rayos,
y temo menos desmayos
contando rayos que penas.
Ya del amor las cadenas					25
arrastra mi libertad,
y en el cielo de piedad
aún no he mirado un lucero.
Quiero, y no saben que quiero;
yo solo sé que me muero.					30

Al fuego que la atormenta
reside la salamandra;
amor, que es ave en Antandra,
de lo mismo se alimenta.
Sus dos efectos ostenta							35
aqueste fuego amoroso:
en su semblante lo hermoso y en mi corazón lo
   fiero.
Quiero, y no saben que quiero;
yo solo sé que me muero.						40
La lira de las Musas
de voces sacras

Soneto

Huye del Sol el Sol, y se deshace
la vida a manos de la propia vida;
del tiempo que, a sus partos homicida,
en mies de siglos las edades pace,
nace la vida, y con la vida nace					5
del cadáver la fábrica temida.
¿Qué teme, pues, el hombre en la partida,
si vivo estriba en lo que muerto yace?
Lo que pasó ya falta; lo futuro
aún no se vive; lo que está presente				10
no está, porque es su esencia el movimiento.
Lo que se ignora es solo lo seguro;
este mundo, república de viento
que tiene por monarca un accidente.

86. A un sacrílego cartel que fijaron en las calles de Madrid los enemigos de nuestra santa fe, contra ella

Soneto

señor, este diamante, que inhumano
se obstina a tornos de la sangre vuestra,
ya pide el rayo horrendo de esa diestra,
pues le hieren de amor rayos envano.
Ya saca el perdonar de soberano   5
quien pide a la deidad rigor por muestra.
Consuma el orbe ya llama siniestra,
pues es justo, ¿qué importa ser temprano?
O baje el rayo contra el vil hebreo,
dándole luz con la postrer violencia,   10
pues obstina a experiencias su noticia.
Que aun para castigar rigor tan feo,
paso no sabréis dar en la justicia
sino armáis el castigo de clemencia.

A la conversión de un pecador

Soneto

señor, estoy de vos tan alcanzado,
cuando el discurso al contemplar permito,
que, aunque me habéis sufrido de infinito,
representáis paciencia de olvidado.
Yo que dormí, de vuestra voz llamado,   5
hoy despierto a la voz de mi delito,
y al primero dolor de verle escrito
le dais los privilegios de borrado.
Deuda, señor, es ya, no confianza,
pensar que del dolor el sacrificio   10
grato aroma se salve, donde ascienda.
Aun me dejáis sin dudas la esperanza,
que quien trocó la ofensa en beneficio,
¿qué mérito dará a la misma ofrenda?

Al mismo asunto

Soneto

¡señor, que vierta un pedernal helado
sangre de fuego de un acero herido!
¡Y que a la cera el bronce endurecido
hurte obediencias, del calor tratado!
¡Que tiemble un monte al rayo sospechado,   5
y el hombre no le sienta, de él herido!
Pues, si se advierte, es rayo sin rüido
dentro del pecador cada pecado.
¿Qué villano, a quien víbora inclemente
el pecho le ocupó mientras dormía,   10
despierto, no se hurta a su veneno?
Huye veloz, ¡oh planta delincuente!
Huye, porque del rayo de este día
podrá la permisión ser tardo trueno.   89
Al justo intento de que se levante a Cristo templo,
donde maltrató su santa imagen la
sacrílega impiedad hebrea

Soneto

Alzad, señor, vuestra Sión divina
adonde, ingrato a tanto beneficio,
la deidad hizo el hombre sacrificio,
y, siendo él fulminado, la fulmina.
No logre la ambición de peregrina   5
la culpa en ese, aunque postrado, indicio,
que el sacrílego intento de su oficio
memoria templo hará de la rüina.
Si no es que, codicioso de la injuria,

temiendo que acabó ya la violencia 10
de dar a la impiedad postrer indicio,
(mientras no os solicita en nueva furia,
por no tener ociosa la paciencia),
queréis también sufrir veros sin templo.

Sobre un lugar de San Agustín, en la Ciudad de Dios,
que desmenuza la calidad de la muerte

Soneto

Este morir, esta postrera suerte
es imagen del miedo repetida;
en cuanto a ser imagen tan temida, pues la ima-
    ginación la hace tan fuerte.
¿Cuándo es, pues, el morir? (porque se acierte).
5
¿Al querer espirar? No, que aún hay vida.
¿Es cuando el alma está ya desasida?
Eso es estar ya muerto, que no es muerte.
¿Acaso es el morir aquel instante
del aliento postrero? ¿Es aquel punto 10
que el último suspiro en quietud trueca?
No, porque todo punto es semejante
al vivir cierto o al estar difunto.
Pues, ¿cuándo es el morir? Cuando se peca.

Fue asunto de un certamen, hecho en celebridad de una fiesta del Santísimo Sacramento, escribir un soneto que precisamente comenzase y acabase con estos dos versos que van de otro carácter, haciendo metáfora del gusano de seda

a este divino señor Sacramento; premióse en primer lugar
este papel

Soneto

Entonces vivo, porque muero, cuando
me enseña amor a más morir, viviendo;
que no es pena el morir, es vida, habiendo
morir que se dispone, no acabando.
Morir procura amor, siéndole blando   5
fin, que no ha de ser fin; y feneciendo
se construye más vida, pues naciendo
nada se inmortaliza, sino amando.
En este, pues, hilado laberinto,
fiscal y actor a un tiempo de mi vida,   10
en última la enseño a ser primera.
Muerto, sí, me verán, mas no distinto;
dará a su muerte ser quien fue, no siendo,
si al fin mi ser no ser entonces era.

Por la salud del Serenísimo señor Infante don Fernando, mi
señor

Acción de gracias
Dio asunto el profeta rey
con el salmo 150
que el autor imita

Octavas
El gran clavel, el animado día,
a quien el Sol, que al Sol alumbra, dora,
que padeció de tanta aurora fría,
de tanta ardiente, la invasión traidora,
ya el cuello, coronado de alegría,   5

levanta al reino de serena aurora;
ya luce el Sol que, mustio en su desvelo,
efímera fue pálida del cielo.
Con mano firme y corazón seguro,
el Alcides de Dios, pastor del Tajo,   10
empuña aquel cayado, aquel gran muro,
donde el peso no sabe ser trabajo.
Sustenta el cielo en él, y el cielo puro,
que un cayado, no un monte, ve debajo,
el ser verdad en un cayado admira   15
de un monte la magnánima mentira.
Como, al partir del Sol, perdido se halla
triste ganado del pastor ausente,
y no le llama, no, duélese y calla,
por no avisar del lobo el duro diente   20
—con quien fuera algodón a ser de malla—;
enmudece hasta ver la luz de oriente;
ya entre albores y ramas determina
honda y voz que le libra, y encamina;
así, Fernando, mientras la postrada   25
pluma negó tu agilidad (¡oh extraño
efecto de la pluma!), fue negada
la luz, la voz, la senda a tu rebaño.
En ti todo enfermó, que libre nada
dejó tu enfermedad. ¡Oh nuevo daño!   30
Aun tu achaque es prodigio, pues indicia
haber contagio donde no hay malicia.
Si en repetido cúmulo de ardores
quiso explicarte Fénix la dolencia,
ya madrugaron más tus esplendores   35
a hacerte natural la diligencia.
Y así te restituye a más honores
en volver a vivir, sin la inclemencia

de holocausto, pues solo te eternizas
con solo haber soñado en tus cenizas.   40
Oye, señor, no en voz de mi instrumento,
la que a Dios rinde el pueblo agradecido
en boca del profeta, cuyo acento
a tan alta ocasión quedó extendido.
Real salud, en voz real frecuento;   45
mías las voces son, suyo el sentido.
Oye al teatro universal que canta,
al que del lazo divirtió tu planta.
Laudate dominum de coelis:
laudate eum in excelsis
Altos del cielo, bellos moradores,   50
alabad al señor; y en su alto abono
vosotros exclamad más superiores,
que tronos os llamáis, por ser su trono.
Ángeles, del señor embajadores,
ejércitos de luz, templad a un tono   55
incendios, plumas, almas, si es que puede
llegar la voz donde la vista cede.
Tú, Sol (bajel viviente al mar del día),
al fraterno farol tus luces presta,
y en cuna ardiente o sepultura fría   60
en su alabanza tu viaje apresta.
Estrellas, que de clara pedrería
bordáis el manto de la noche honesta,
relámpagos, cometas, fuego, rayos
alabad vuestra causa sin desmayos.   65
Rodantes cielos de cristal sonoro,
tú, que inmoble asistiendo a su mudanza,
empíreo incircunscrito, el gran tesoro
te enriquece, cantad en su alabanza.
Tú, cristalino cielo, a quien el coro   70

de estotros orbes a mirar no alcanza,
su nombre alaba, aunque el juzgar te asombre
ser todo tú incapaz aun de su nombre.
Porque el señor con su palabra activa
hizo el mundo, y tan presto lo ponderó 75
que el decir y el hacer fueron de arriba
dos cosas, mas ninguna fue primero.
Mandó, y al punto en su precepto estriba
cuanto crió, y hoy cría el orbe entero.
Faltó de qué criar, pero no el modo; so
la nada fecundó y pariólo todo.
Estatuyó la duración de cuanto
formó; que vivirá de tal manera
que toda edad en su decreto santo
bien podrá ser mortal, mas no postrera. 85
Alabadle criaturas que del manto
de la tierra os cubrís, y toda fiera
le alabe. Tú, profundo mar, no escondas
el cristalino acento de tus ondas.
Región que en tu flamante precipicio 90
te afirmas; tú, granizo, que en la cumbre
del aire ejerces congelado oficio;
tú, nieve, que con blanda mansedumbre
naces; tú, hielo, que nos das indicio
del cielo, aunque a las ondas pesadumbre; 95
lluvias deshechas en horror, y cuantas
tempestades, oh viento, tú levantas;
montes altos, collados inferiores,
que en la verde república del prado
vasallaje juráis a los mayores; 100
árboles que del fruto derribados
os ensalzáis mejor; cedros mayores
que los siglos, de siglos coronados;

fieras mansas y fieras sierpes, aves
que ligeras voláis, cantáis suaves;   105
reyes que presidís acá en el suelo,
y pueblos de estos reyes gobernados;
potentados o imágenes del cielo;
jueces de recto espíritu dictados;
jóvenes y doncellas, y el que el hielo   110
del tiempo peina en hilos venerados;
los de anterior edad: el nombre alaben
del solo Dios excelso, sin que acaben.
Su alabanza, no solo por la tierra,
difunde al viento mares de armonía.   115
Hace en los cielos numerosa guerra
la más y más suprema jerarquía.
él su Iglesia sublima, y él destierra
cuanta asechanza su quietud obvía.
Santos cisnes, cantad allá en la esfera   120
donde la voz más dulce no es postrera.
Hijos humanos de Israel divino,
águilas de la fe y aun más caudales,
pues miráis sin mirar a quien me inclino;
alabadle con voces inmortales: 125
gloria al Padre, y al Hijo, y al que el trino
número sella; como en los umbrales
del tiempo; como agora la prefiere
el tiempo, y como el tiempo la rindiere.

Octavas en el certamen que se celebró en Madrid de San Ramón Nonat. Mandóse describir cómo, de los primeros hábitos que se dieron en la religión de la Merced, fue el del Santo, y que se discurriese por sus virtudes, aplicando aquel lugar del Eclesiástico: Initium dulzoris babet fructus ilhus, etc.

Premiáronse en primer lugar
Al que antes que en el mundo entró en el cielo
por la triunfante puerta de una herida
cantaré, sacra musa, si a mi celo
viere tu inspiración celeste unida.
Por ti aquel fuego, a quien produjo el hielo,   5
vida tuvo primero que la vida.
Por ti mi voz sus números estrena;
en ti es sonoro canto, en mí no suena.
Sabes que, opresa en el materno nudo,
yerta prisión, que a lo vital yacía,   10
perla viva rompió cuando no pudo
ver su concha los nácares del día.
Torpe cadáver y un puñal agudo
su vida fue; tú lo dirás, María,
tú que sacaste la encerrada perla   15
a dar al mundo luz, antes que a verla.
Creció, pues, antes de nacer, el niño,
que su edad comenzó por el aumento,
y en conducir con plácido cariño
errantes cabras ensayó el acento.   20
Luego en alma y en traje limpio armiño,
llamas el pecho, nieve el ornamento,
solo en número y hábito segundo
Etna fue sacro abrasador del mundo.
En el abril primero, que María   25
congregó religión de blancas rosas,
las vio Ramón y amó su compañía
(que ver y amar allí no son dos cosas).
Abeja fue que a néctar reducía
de aquel jardín virtudes olorosas.   30
Su olor expone, y de labrar no deja,
porque también es rosa, siendo abeja.

No largo espacio entre fraternas flores
dio licor, que adestrado en dulce ensayo
labró de infieles selvas los errores.   35
Y el aguijón calificó de rayo,
sacro Sansón que, opuesto a los furores
de infiel león, los maceró en desmayo,
fundado, el labio de virtudes lleno,
dulce panal en labio de veneno.   40
Ya es la azucena de su cuerpo blando,
clavel bañado en sangre o roja fuente,
víctima penitente que volando
fue al Pastor, que a tres lauros dé una fuente.
Nuevo clavel le da Gregorio, cuando,   45
viéndole envuelto en sangre penitente,
duda si le da entonces con que honrarse,
o se viste Ramón con desnudarse.

En un certamen donde se celebró a San Vicente Ferrer. Díose por asunto discurrir en su vida

Octavas

Nació en Valencia el águila divina,
que bebió tanto espíritu en su oriente
que al mismo Sol, que en luces le examina,
hizo sufrir examen de luciente.
Pues si el orbe exterior él ilumina   5
por sus dorados ámbitos, Vicente,
en la interior república del suelo,
nuevo imperio descubre y presta al cielo.
Donde el rubio alemán imperioso
de aves la frente austriacas corona,   10
y donde el Royne claro y delicioso
no de ajeno caudal su estirpe abona,
de propios reinos sí, que el delicioso

margen por velocísimos blasona:
allí su voz, a emulación del río,　　　　　　15
más clara a Dios rindió más señorío.
En el rígido norte, en la postrera
línea del orbe que de luz se baña,
le oyó el isleño inglés y le venera
divino, pues le alienta y desengaña.　　　　20
No del duro sajón la estirpe fiera,
mas la angélica sí, ostentó Bretaña,
cuando a la gran doctrina culto aplica,
depone errores y aras sacrifica.
Y tú, Apenino, escalador de estrellas,　　　25
que gigante de Italia te levantas
con reinos mil, que yacen a tus huellas,
labrados al cincel de voces santas;
cuando tu cumbre vio luces tan bellas
domar la envidia de tinieblas tantas,　　　　30
di si aclamaste con desdén de Apolo
Sol a Vicente, y le aclamaste solo.
No a Flandes, que en helado error anida,
valió la obstinación al sacro fuego,
que no permite luz de Dios regida　　　　　35
reinar lo helado ni imperar lo ciego.
Allí la hidra herética vencida
respeta al orador de Dios, y luego
en diversas provincias se levanta
con santos cuellos de doctrina santa.　　　　40
Pues, donde entre los Alpes se conspira
de indómito francés vulgo sectario,
sacro licor a su infección respira
en el bautismo de que ya fue erario.
En el lavacro copia tal se admira　　　　　45
que entre el Jordán y el Rin el juicio vario

dudará cuál es voz que más inclina,
Vicente en Francia o Juan en Palestina.
¡Qué mucho que dilate a España toda
milagros en ejemplos desatados,   50
y que la aclamación le asista goda
en estos jaspes del amor grabados!
Europa a sus aplausos se acomoda,
sus senos útilmente averiguados.
Ya es Domingo, Vicente, o ya distingo   55
solo en edad, no en glorias, a Domingo.

Versos sacros
Décimas en un certamen
El asunto fue contra los hebreos que maltrataron
la imagen de Cristo, quemándola, etc.
Premiáronse en segundo lugar

Miente, oh sacrílego error,
tu intento obstinado y ciego.
¿Cómo ha de morir de fuego
quien supo nacer de amor?
Ya previno tu rigor   5
Dios de padecer sediento
aun ese tardo tormento,
porque un Dios y enamorado
cupo en llamas de un cuidado,
mas no en las de un elemento.   10
Ese ofendido trasunto
te encamina a discurrir
que Cristo para morir
tomó de fuego el asunto.
Cuando a algún cuerpo difunto   15
se presenta su homicida,
por boca de cada herida

le acusa. Ve Dios tu fuego,
prende en su amor, y así luego
habla su imagen herida. 20
Más que de fe, de evidencia
te debiste al desengaño,
mas solo en ti da un engaño
más pasos que una experiencia.
En abrasada apariencia 25
se puso Dios, y Moisés
le vio y le adoró después.
Tú, que a ambas leyes te opones,
donde tú mismo le pones,
ni le adoras ni le ves. 30
Arde Dios, donde es un ave
alto incendio a tres amantes,
tan eterna que, en ser antes
de todo, su edad no cabe.
De cuyo incendio suave 35
imitación pudo ser quererse agora encender
en el leño que le ofrece;
que aun donde Dios lo parece,
no puede estar sin arder. 40
No puede estar sin morir,
aunque ya morir no puede,
que amor inmortal excede
los términos del vivir.
Y porque llegue a servir 45
la llama que ve encendida,
hoy Dios a su fe convida
a unirse tanto los dos
que en las cenizas de un Dios
humano funda su vida. 50
Salve, pues, Fénix divino,

hijo de un eterno Sol,
que al examen del crisol
te das inmortal y fino;
y haz que el horrendo destino   55
que educa tu ardiente vuelo
en las cenizas de un hielo
hurte esta voz a su furia.
Fénix que anida en la injuria
su Arabia tiene en el cielo.   60

A este mismo caso se hizo esta glosa; la copla es ajena
Letra
Quéjase al Padre, porque
Cristo en la Cruz no tenía
en hombres la fe que hoy día
con tantas glorias se ve.
Glosa
Hubo en morir Dios clavado   5
CUANDO y PORQUE, y estos dos
hoy en Dios se han declarado:
cuándo fue el amor de Dios;
porqué fue nuestro pecado.
Cuando y porque, bien se ve   10
que los dos estáis obrando.
Mas si calla cuando en fe
de amor, aunque calla cuando,
quéjase al Padre porque.
Del Padre el alto dolor   15
vence al del Hijo divino,
pues le malogra el rigor
el instrumento más fino
de mostrar su eterno amor.
Lo que el Hijo padecía   20

sintió, y que mirarlo el mundo
en sí propio no podía.
Aqueste dolor segundo
Cristo en la Cruz no tenía.
Si hizo de Dios sacrificio   25
el hombre, ¿con qué esperanza
Dios le llama? ¿Por qué indicio?
Porque hace una confianza
más sangre que un beneficio.
Cuando Dios muerto aún no había,   30
quejarse al hombre no osaba.
Hoy se quejó, que podía;
no entonces, que no fundaba
en hombres la le que hoy día.
O fuese exceso en penar   35
o fineza en el sufrir;
solo Dios pudiera hallar
acabar para el vivir,
y vivir para el penar.
Segunda pasión hoy fue   40
rubricada con sus venas,
pues sale a probar la fe
que, cuantas fueron sus penas,
con tantas glorias se ve.

A un Cristo crucificado, contemplándole al expirar
[Romance]
Alza el rostro, caminante,
alza el afecto a aquel monte,
y en el leño más infame
verás el cuerpo más noble.
Más y más se mira el bulto;   5
ya parece que se oye;

ya le puede conocer,
sin duda, quien le conoce.
Huésped es de los mortales,
que entre su número indócil, 10
por divertirles la muerte,
en ella misma se esconde.
Todo el abril en su cara
no se niega, mas se encoge.
Entre alevosas espinas 15
mustias se acechan las flores.
¡Qué costosamente miden
los términos de aquel roble
sus presas manos, que libres
aún no dieron tantos dones! 20
Entre dos ladrones pena.
El uno con pies veloces
trepa al cielo. ¡Qué seguro
de robos no estuvo entonces!
Del otro infeliz se admira 25
que, con ejemplo, no robe
tesoro que no le quita
la justicia a los ladrones.
Roca de púrpura herida
por cuatro bocas se rompe; 30
por cinco mil acusando
el más sacrílego azote.
Al Justo allí una mujer
la sangre le hereda inmóvil.
Treinta y tres años habrá 35
que previno estos dolores.
Mar de lágrimas, que viene
a que en su seno se cobre
sacro río, que salió

de sus entrañas al orbe. 40
Sed confiesa el varón grande.
¿Quién con agua le socorre,
aunque a los ojos la pida,
que la estimará salobre?
Para estar todo clavado, 45
los ojos clava en su norte.
Lo que ha ignorado el suplicio
quiere que el mérito logre.
¿Qué es esto? ¿Quién arrebata el día?
Aquestos horrores 50
mal sellados de la luz
se han huido de la noche.
Agora, agora era templo
de piedras aquel desorden.
¡Ay, mortales, y tendréis 55
enteros los corazones!
No hay piedra que no reduzga
a lo sensible lo informe.
¿Han usurpado las almas
que faltaron a los hombres? 60
¿Qué soldado allí atraviesa,
y bárbaramente corre
a sacar del pecho el agua
que pidió la sed a voces?
Ciego ministro, ¿qué hieres? 65
Ya no hay vida, ya está donde
de la muerte o el agravio
ni llegan triunfos ni golpes.

Juventud distraída, cuanto dichosa, pues en el trance de la muerte consigue poder hablar con Cristo crucificado

Romance
señor, ya de vuestro amago
herido el vital estambre,
pregunta al golpe, ¿a qué viene?
Si es contra la vida, es tarde.
Muerto ya de convencido, 5
llevaré al postrero trance,
sin el tributo de muerte,
la novedad de cadáver.
¡Oh si el ser o el no haber sido
fuese arbitrio en los mortales, 10
y, antes de ser experiencia,
fuese nuestra vida examen!
Cuán dulcemente durmiera
en aquel ocio suave
de la nada quien de todo 15
es perseguido, si nace.
Echóme de Adán la culpa
a aquesta animada cárcel,
y, antes que yo ser tuviese,
hubo desdicha que darme. 20
Madrugué para el delito,
no solo en siendo, mas antes.
Excusérne haber tenido
tan alta injuria por padre.
Lavaron sagradas ondas 25
de aquella mancha la parte
tan sola que al alma hacía
desdén eterno de inhábil,
quedándose el albedrío
tan en sí para los males 30
que de Dios solo en los lejos
he parecido su imagen.

Y viendo vos, señor mío,
que para lucha tan grave,
como nos expone aquesta   35
batalla incierta de instantes,
era desigual y tierno
de los sentidos el traje,
pues se nos hizo el deleite,
antes de tenerla, sangre,   40
de tres potencias o escudos
tan firme mi pecho armasteis
que me miraba envidiosa
la obstinación del diamante.
De este, pues, arnés divino   45
ceñida, sintió la carne
a un tiempo auxilios de fuerte
y oposiciones de frágil.
Como David, cuando quiso
salir al mayor certamen,   50
tres en vano y cuatro veces
probó a ceñirse de Marte,
y, no ajustándole al cuerpo,
el duro acero por grave
se perdonó a lo valiente,   55
por negarse a lo intratable.
Cuando en la campaña fueron
(raro baldón a un gigante),
de ardiente plomo las guijas,
los cáñamos de metales,   60
tal yo mis armas depuse
por generosas y grandes.
Y siendo en todos vergüenza,
fue en mí el ser vencido alarde.
Corrí a beber el veneno   65

que por las horas se esparce,
tan veloz que en mi defensa
malogré el favor de un ángel.
¡Oh bien dorada ponzoña,
del mundo ilusión brillante, 70
que, en deshaciendo al que mira,
ella también se deshace!
De mortales hermosuras
atento al vano dictamen,
por mi error en aras torpes 75
más de un holocausto yace.
Pequé, señor, tantas culpas
que en los números no caben.
Decir que el número todo
pequé, por número baste. 80
Bien confieso que con vos
se ajustan cuentas en balde,
porque vos firmáis las cuentas
cuando el corazón las hace;
y porque pensar mediros 85
a delitos las piedades,
si es logro en el rendimiento,
más es al poder desaire.
Humo, señor, es la vida;
vida en vos, humo fragrante, 90
que aún sabéis de muertas luces
dar a mí mérito alcance.
Dirá, cuando me reciba
otra vez la común Madre,
si a polvo vienes, pregunto, 95
si feneces o si naces.
Ya caduca el edificio
de tierra, no en polvo frágil

—pues es ya polvo—, en olvido,
sepulcro de vanidades. 100
Ya por el humano muro,
mentirosa en lo agradable,
es la yedra diente mudo,
basilisco de los jaspes.
Ya la, que admitió en resquicios 105
agua infiel, dormida nave,
reventando en son horrendo,
es víbora de cristales.
Ya de temor de contados,
fuertes los suspiros se hacen 110
en mi pecho. ¡Oh, en los hombres,
alivio tasado el aire!
Los sentidos ya no aciertan
a obrar; ya ven levantarse
para despedirse al pecho, 115
que en rotas cláusulas late.
Los amigos (si hay algunos)
me buscan para no hallarme.
De lo que ignoran me informan,
y me esconden lo que saben. 120
¡Ea señor, daos priesa!,
que sorbe el golfo la margen.
Anéguese todo el riesgo
en ese mar de corales.
Y si mi dureza ignora 125
dos fuentes, con que se laven
mis delitos, esos clavos
serán de mis fuentes llaves.
Clavaros, que no impediros,
pudo el fariseo infame. 130
Lo que ignoró su delito

ha de lograr mi desastre.
¿Aún os detenéis, Dios mío?
Mas si queréis que se guarde
la fineza al mayor riesgo,   135
y hay más en mí que se acabe,
ya por diligencia espiro.
Perdonad tan útil arte.
Pequé, pésame, confieso,
confío, creo, ayudadme   140

En un certamen se dio este asunto: 24 coplas de un romance al aparecerse San Pedro a San Pedro Nolasco cuando iba a buscar sus reliquias, excusándole el viaje; y cómo en su tránsito glorioso se le apareció San Pedro, Nuestra Señora y el Ángel de su Guarda, ilustrando lo uno y lo otro con dos lugares de la Escritura

Romance

Yace en el Asia un prodigio
en fe de que nunca yace,
que en ascuas de ámbar hereda
su vida de su cadáver,
y, con procurado incendio,   5
de sus cenizas flamantes
labra una edad, en quien nunca
imperaron las edades.
Antes que Pedro naciese,
pudo ser prodigio el ave,   10
mas para ser hoy primera,
aún no le bastó ser antes:
Busca Pedro las reliquias
(para holocausto más grave)
de otro Pedro, que es el mismo,   15

pues no son dos, dos amantes.
Viole el Apóstol clavero,
y nunca tuvo las llaves
tan a la mano de aquella
Jerusalén de diamante.　　　　　　　　　20
En volante precipicio
se derriba, mas no cae.
Ya se divisan sus señas,
ya son dudas, ya verdades.
«¿Dónde buscas lo que llevas　　　　　25
—le dijo—, si a verme partes?,
porque entre los dos no puede
el número hacer viaje.
Somos tan uno los dos
—tú en mi amor y yo en tu imagen—　30
que en la duda de distintos
aun no quiere el nombre hallarse.»
Dijo, y rayo tan ardiente
se libra, y tan penetrante,
que fue de la llama hermosa　　　　　35
nueva salamandra el aire.
Así de Isabel los brazos,
la que fue virgen y madre,
colmó de luz, reduciendo
lo luciente a lo suave.　　　　　　　　40
Cuando océanos de gloria
estrecha roca de carne
encerró, que no terminan,
allá esferas, aquí altares,
Nolasco los pasos vuelve　　　　　　　45
atrás y los da adelante,
que camino de regalos
ni le busca ni le sabe.

Volvió, pues, de infieles cuellos
a ser yugo tan amable   50
que, venciendo a lo violento,
triunfaba siempre a lo fácil.
Ya el árbol lleno de fruto
quiere a la tierra inclinarse;
ya quiebra la rama el peso.   55
¿Quién faltó por abundante?
En su desangrado cuerpo
la muerte duda entregarse.
¡Qué mucho, si allí la muerte
mira una vida sin sangre!   60
Entre tanto que lo duda,
brotan empíreos celajes,
tempestad de serafines
que ondea en lucientes mares.
En los mares de María,   65
donde es la Iglesia la nave,
los rayos del Sol los remos,
y cada remero un ángel,
a Pedro el timón se fía,
el que ya con favorable   70
viento por el mar del mundo
rigió el barco militante.
Ya ve Nolasco el bajel,
ve su custodio, que al trance
se ofrece (si es que María   75
deja a un ángel divisarse).
Viole, pues, y de María
consiguió que se templasen
los rayos por ver a Pedro,
que no pudiera mirarle.   80
Embebióse en resplandores,

y vencido los aplaude.
Ya combate con la muerte,
ya triunfa y no combate.
Pedro la gloria de Esteban   85
cede a la vuestra inefable,
que vio el gran mártir el cielo
abierto, pero distante.
Mas vos le veis tan vecino
que el que atento os adorare,   90
si aguarda a veros difunto,
santo os reverencia tarde.
Y entre los que bien os miran,
llegará bien a dudarse cómo se parte a la gloria
95
el que llega cuando parte.

En otra fiesta del nacimiento de Nuestra Señora
Romance
Los balcones del oriente
solicitaba una vez
no el Sol, mas una azucena,
envidia primera de él.
El cano estéril botón   5
cándida rompe al nacer,
siendo en setiembre el abril,
que hay flor que burla a su mes.
Crece la estrella del prado,
y del humano verjel   10
se le entrega el mayorazgo
y el de los cielos también.
Que aunque le dejó empeñado
la culpa de una mujer,
hizo el empeño ganancia,   15

el mérito más fiel.
Láminas de firme plata
calza la Luna a sus pies,
que hasta esmaltarlos no tuvo
su metal firmeza o ley.   20
El Sol en su pelo hermoso
tempestad de soles ve,
que en mar de tan altos rayos
es un Sol poco bajel.
No fueron lienzo los siglos   25
de su imagen, que el pincel
de Dios la pintó tan antes
que la madrugó en su ser.
Tan luciente la formó
que arrestado en luz cortés   30
se vio, siendo no imperial
águila empírea, Gabriel.
Las esperanzas antiguas
que sulcaron en la fe,
por este puerto de hoy,   35
tan largos mares de ayer,
en voz de bronce publican
que ya es la guerra laurel,
que ya la palestra es palio,
y agosto de oro la mies.   40

Al mismo asunto, en otra festividad solemne
Romance
De dos troncos de la vida,
ancianos, pero tan fuertes
que de ellos se labra el arca
del diluvio de las gentes,
hoy nace fruto tan alto   5

y tan de asombro en lo fértil
que a la edad, no a la esperanza,
quedó la infancia de verde.
Águila del Sol, que aguarda,
tan fija sus luces bebe   10
que se tienen por distintos,
pero por dos no se tienen.
En su tez sagrada y pura
el respeto de la nieve
fuera mancha, aunque del alba   15
resida en la intacta frente.
De su edad los meses todos
se alegran, y aunque agradecen
todos los meses ser suyos,
quisieran todos ser nueve.   20
El Sol detuvo su paso,
y viendo que resplandece
todo el cielo en otra parte,
preguntó por el oriente.
Tan contentos admiraron   25
sus viejos padres sus bienes
que los tuvo por abuelos
(ya en posesión) el deleite.
Confunde el gozo la causa;
el aplaudir tanta suerte,   30
siendo mortales, es poco,
y como eternos no pueden.
Déjanse llevar del alma,
que si los afectos vencen,
las regiones de divino   35
se adquieren a lo obediente.

Al mismo asunto

Romance

Albricias, oh caminantes,
que ya se descubre el norte
de los rayos de María
al golfo de vuestra noche.
El arco de la justicia 5
ya es arco de paz tan noble
que desde la tierra al cielo
son escalas sus colores.
Nace en fe de lo que espera
tan grande que, porque logre 10
caber María en el mundo,
hizo esfera de su nombre.
Hoy también en ella nace
un Verbo que ha de ser hombre,
que efectos de su palabra 15
desde la promesa corren.
Y en los prados florecen
por rosas soles,
que a la vida que aguardan
era breve la vida de las flores. 20
Sus viejos padres, que vieron
tanta luz en su horizonte,
sin licencia de la dicha
se confesaron por hombres.
Uno, que siempre doncella 25
será, y el otro, que esconde
señas de parir, la dice,
y entrambos están conformes.
Crióse tan soberana
que de humanas perfecciones 30
el caudal llegó a prodigios,
pero no bastó a ser dote.

Los peces en el agua,
las fieras en el bosque,
las aves en el viento 35
y los hombres por luz la reconocen.
De luz tan inefable
se ciñeron entonces
las altivas cabezas
de los hebreos montes 40
que en fe de ser María,
quien los da resplandores,
al cielo oscurecieron.
El cielo me perdone.
Y en los prados florecen 45
por rosas soles,
que a la vida que aguardan
era breve la vida de las flores.
Las puertas del infierno,
que a tantos padres nobles 50
oprimieron con sellos
de misterioso bronce,
en naciendo la Niña,
allá en lo más inmoble
a temblar comenzaron 55
de un parto sin temblores.
El cielo delibera
dotarla en tantos dones
que, a no quedarse en ellos,
quedara el cielo pobre. 60
Y en los prados florecen
por rosas soles,
que a la vida que aguardan
era breve la vida de las flores.
Porque estando Dios en ella, 65

a las virtudes mandóles
que asistiesen de excelentes,
mas quedaron inferiores.
Que es Dios alma de María,
y a su humanidad se encoge 70
todo lo humano,
que en ella todo honor posible es pobre.
Y en los prados florecen
por rosas soles,
que a la vida que aguardan 75
era breve la vida de las flores.

En una fiesta insigne se formó una rica nave, surcando, y dentro de ella al Santísimo Sacramento. Diose por asunto una letra que aparecía escrita: Navis institoris de, etc.

[Romance]

Al mar, al mar, esperanzas,
que, cuando navega el cielo,
no hay puerto como las ondas
ni peligro como el puerto.
No siempre han de ser los votos 5
suspirados para el suelo,
que sobre mudables aguas
sabe Dios vivir de asiento.
Venid, y veréis un golfo
tan parecido al sosiego 10
que ya las riberas visten
áncoras no, sino celos.
Ya queda lejos la orilla,
ya la nave de amor vemos
traer pan (que es caro el año), 15
y le trae desde muy lejos.
Unos su abundancia alaban,

otros dicen del sustento
que no hay para dos bocados,
y todos dicen lo cierto. 20
Miro a Dios, y no le miro,
tan reducido a misterio
que sé que le veo más
en saber que no le veo.
Seráficas plumas sirven 25
a toda entena de velos,
que al soplar de un Dios que inspira,
se desmayaran los lienzos.
Escalas fueron sus jarcias
más que de Jacob, pues fueron 30
instrumentos de que el hombre
y Dios se hagan uno mismo.
No ha de sulcar esta nave
en vulgares elementos.
Agua pide a nuestros ojos 35
y a nuestros suspiros viento.

En la fiesta de Santo Tomás de Aquino
Villancico

¿De dónde venís, Tomás?
Ya sé que del mundo no,
que es desengaño, aunque patria,
decir que de aquí no sois.
Hombre angélico os llamaron, 5
porque desde hombre os pagó
alimentos de divino
el mayorazgo de Dios.
Tanta vuestra ciencia ha sido
que a vuestras plumas debió 10
lo evidente nuestra fe,

solo infalible hasta vos.
Enfermo de la herejía, el mundo experimentó
que hicisteis aciertos de ángel 15
las venturas de doctor.
En plumas blancas y negras
tanto el cielo os remontó
que las cogió desde el cielo
para sus flechas amor. 20
Lo mortal en lo divino
tanto en vos se acreditó
que estuvo con vos lo humano,
pero nunca en vos se vio.
Huya de vuestra alabanza 25
la osadía de la voz,
que las partes de Tomás
no caben en libros hoy.

En fiesta del mismo Santo
Romance
Tomás, cuando el cielo os hizo
(si son dos, Tomás y cielo),
extendió el brazo, aunque pudo
sobrar el estudio a un dedo.
Pues con el cielo anduvisteis 5
tan válido de portento
que el distinguiros de sí
fue más hazaña que haceros.
Fuisteis de Dios tan retrato
que a la luz de lo perfecto 10
temió la humana hermosura
parecer mancha en lo bello.
Poblaron las ciencias todas,
como patria, vuestro ingenio,

siendo la fe, solo en vos,   15
casi toda entendimiento.
Lejos de vos en lo humilde
pintasteis a Dios un lienzo,
donde puso Dios las luces,
porque os vio copiar los lejos.   20
Pudiendo en lo religioso
de la imitación valeros,
no cupisteis en traslado,
y os pasó el fervor a ejemplo.
Tan clara en vos se ha escuchado   25
la trompa del Evangelio
que ya para no ser sabios
aún no es disculpa ser necios.
Perdonad el no alabaros
como forzoso defecto,   30
que a quien faltan vuestras plumas
no se dan vuestros misterios.

Otro al mismo Santo
[Romance]

Pastores que de los Alpes
bebéis franceses narcisos
de las aguas, que le calzan
los pies de corrientes grillos,
decidme si en vuestras cumbres   5
visteis un Sol como un niño,
que entre ser hombre y ser ángel
gozó la edad de prodigio.
Sabed que vengo a buscarle,
confiado, aunque perdido,   10
de que a ninguno le vengan señas
de que solo es digno.

De su nacimiento el día
ignoro, aunque tengo indicios.
Mas si murió, de su muerte			15
bien sé yo que fue en domingo.
Hábitos de sus virtudes
(cándido honor del armiño)
se vistió siempre, y pararon
en hábitos sus vestidos.			20
Cuantos admiran sus obras
(que infinitas son) han dicho
que son todas de discreto,
mas no todas de entendido.
Tan lejos de las vulgares			25
finezas, con Dios fue fino,
que en otro fueran disculpas
los que él tuvo por delitos.
Su caridad y su celo
le formaron Sol divino,			30
porque alumbrar con su fuerza
no fue elección sino oficio.
Y si estas señas no bastan
a informar del bien que os pido,
el no caber en ningunas			35
es la mayor que os he dicho.

En la fiesta de la huida a Egipto del Niño Jesús con su Santa Madre

Villancico
Tan cobarde valentía
no la creyera de Vos,
y que un hombre, y hombre
y Dios, huir de un hombre podía.
Quien este rigor sabía,			5

¿por qué no vino a nacer
adonde se va a esconder,
y no donde huye el rigor?
Ay, que no sabes, pastor,
lo que huyendo amor desea.					10
Nace volando y huyendo pelea;
con sus plumas avienta las llamas,
y viste las flechas que matan de amor.
Sobra el miedo en la huida,
que, en este rigor, no viene				15
a peligrar, si le tiene
en brazos la misma vida.
Y si ha de ser permitida
la muerte, y no por suceso,
a mi juicio yo confieso					20
que está de más el rigor.
Ay, que no sabes, pastor,
lo que huyendo amor desea.
Nace volando y huyendo pelea;
con sus plumas avienta las llamas,			25
y viste las flechas que matan de amor.
Ya lo entiendo, y me es notoria
la industria en lo retirado,
que aún no tenía el pecado
edad para su victoria;					30
y, aunque le fuera de gloria
vencerle en edad reciente,
no quiso dar a su oriente
lo que pudo a luz mayor.
Ay, que no sabes, pastor,				35
lo que huyendo amor desea.
Nace volando y huyendo pelea;
con sus plumas avienta las llamas,

y viste las flechas que matan de amor.
Si dicen que por morir 40
se nos vistió de mortal,
¿parecerá acaso mal
de la muerte agora huir?
Y si es gana de vivir
huir de un mortal cuidado, 45
no haberse mortalizado
le hubiera sido mejor.
Ay, que no sabes, pastor,
lo que huyendo amor desea.
Nace volando y huyendo pelea; 50
con sus plumas avienta las llamas,
y viste las flechas que matan de amor.

Canción que se escribió en el certamen del Santo Cristo de la Fe. Premióse en primer lugar. Fue el asunto celebrar la Congregación, que consta de doce hermanos y setenta y dos congregantes doctos, al modo y número del gremio de los Apóstoles y Discípulos de Cristo, cuyo instituto es volver por sus glorias y defenderlas de sus enemigos

[Canción]

Cuidado no menor, aunque segundo
de Dios, si todo en Dios no fue primero
cuando a nuestro vivir ligó su vida;
no fue estudio menor vencer el mundo,
que ya la obstinación armó de acero, 5
con voz de doce trompas repetida
—gloria en aquella edad solo adquirida—,
que agora nos ofrece
por defenderla y conservarla agora,
no solo en doce Atlantes, que atesora, 10
porque en setenta Alcides resplandece,

en cuyos hombros sabios de diamante
se eternice su fe pura y constante.
A este viviente erario Cristo fía
la noble exaltación de sus trofeos, 15
de sus injurias la fiel venganza.
Fatiga y premio les ofrece un día,
que quien a Dios dirige sus empleos
goza la posesión en la esperanza;
y, como en peso grave fiel balanza 20
otro tanto subir hace su opuesta,
cuanto ella al centro se profunda y yace
de esta noble piedad, surge y renace
de Dios la gloria al orbe manifiesta,
con que se aclamará de gente en gente, 25
si infalible no más, más evidente.
No ya de fuerza material ceñidas
(porque es caduca en fin su fortaleza)
se ostentan estas basas oportunas;
egipcias son colunas, guarnecidas 30
de sacras letras, que tendrán firmeza
por doctas, aún mayor que por colunas.
Espejos son de soles, no de lunas,
en cuya ardiente esfera se repite
la fe, el afán, el celo, amor, doctrina 35
de la esfera apostólica divina;
cuyo instituto en ésta se compite;
a cuyas sacras y seglares herencias
debes, oh hebreo vil, aún evidencias.
Pudo en crédito Dios de su defensa 40
armar (cual ya le armó) ministro alado,
de fuego y de rigor inexorable.
Puede hoy ser, en venganza de su ofensa,
momentáneo sepulcro un mar airado,

de quien solo escapaste lo execrable. 45
Pero con leyes Dios su ley estable,
que más conducen que el cristal y el fuego,
hoy se acrisola, en cuyo santo asilo
o laves tanta mancha en tanto Nilo,
o pierdas las disculpas a lo ciego; 50
mirando que hoy repite Dios el cargo
que firmó con su sangre a tu letargo.
Canción, si no ha quedado satisfecho
tu asunto que se empeña en alabanzas,
pide, si tanto alcanzas, 55
que el docto asunto abone tu derecho.

A San Juan Bautista en el desierto,
describiendo el sitio
Canción
Más templada del Sol, la más opima
lisonja de los astros,
Siria ofrece a Palestina grande imperio verde.
Un abril inmortal honra su clima;
el tiempo solo, no la vida, pierde 5
el prado que en verdor jamás fallece.
Sin términos florece
la primavera allí, y en mil colores,
varia siempre y constante,
el suelo anega en tempestad de flores. 10
Arabia está delante,
solo en sitio, pues no se determina
si es la feliz Arabia o Palestina.
Hacia la parte donde nace el día
la ciñe Eufrates, y hacia el occidente 15
la hidra de cristal, el Nilo alado,
de los Triones a la parte fría

mira a Cilicia yerma y eminente.
Y a Arabia fértil al opuesto lado,
de origen duplicado, 20
nace bicorne allí el Jordán divino,
fertilizando ondoso
los páramos de Asiria su camino,
hasta que a proceloso
lago o piélago infame se refiere. 25
Lucha con él, pero luchando muere.
Yermo al hombre, república a la fiera,
es la campaña del Jordán felice,
bien que de árboles graves populosa.
La palma, Sol del prado, allí venera 30
consorte firme, porque inmortalice
ambos sexos. Opima y victoriosa
la espalda allí frondosa,
levanta Alcides verde cipariso,
y, frustrado su intento, 35
se retrata en las ondas cual Narciso.
Cítara ofrece al viento
el abeto, el más firme y oportuno
árbol, que sufre injurias de Neptuno.
La de Cinaras hija fugitiva 40
(fragrante ya) y el cedro incorruptible
aromática pompa son del suelo.
Allí mejor pudiera el ave activa,
el Fénix inmortal, verse invencible,
si cobra en los aromas vida y vuelo. 45
Ser arrimo del cielo
excelso monte el Líbano blasona;
los mobles amenaza;
de pardos ceños la cerviz corona.
No la industriosa caza 50

al animal errante atemoriza,
que libre de la industria se eterniza.
Aquí el sacro orador, divino Orfeo,
a las atentas selvas exclamaba,
siendo sola una voz de un Verbo todo   55
copia de oyentes. Escuadrón sabeo
le ofrecía, aplaudiéndole de un modo
ni sordo el monte, ni la fiera brava.
Sus labios inundaba
elocuencia nativa, no enseñada   60
a su voz. ¿Cuántas veces
se hurtaron a su esfera regalada
por lo herboso los peces,
y de vivir las aves divertidas
se hallaron en las aguas detenidas?   65
Sensible pareció lo vegetable,
racional se mentía lo sensible,
y en la atención inmóbil un afecto
mezclaba el bosque, como lamentable
de ver su admiración imperceptible.   70
Mas, a pesar del número imperfecto,
al destinado efecto
incesable de Juan la voz se oía.
Con modestia desnudo,
cuando el Sol se negaba y cuando ardía,   75
haciendo al tiempo escudo,
de una salvaje piel poco vestido,
más de la fe que de la piel ceñido.

En el certamen de San Francisco de Borja, cuando le entregó Carlos V el cadáver de la Majestad Cesárea, para llevarle a depositar a Granada, de donde tomó asunto de

entrarse en religión, admirando aquella ruina Se premiaron
    en primer lugar estas
Décimas
El cuerpo majestuoso
hoy Francisco llega a ver,
que, careciendo de ser,
es con él más poderoso.
La noche de un Sol hermoso   5
le vence en confuso horror.
Calle España el triunfador
suyo, que venció difunto,
pues nos da más alto asunto
cadáver más vencedor.   10
Atento al bulto que veía,
Francisco no le creyó,
y entre los dos se dudó,
quién más inmóbil. yacía.
¡Qué afectuosa, qué pía   15
atención!, y ¡qué encontrada
con la del mundo engañada!
Ayer, por humilde modo,
no le admira lo que es todo,
y hoy le asombra lo que es nada.   20
No el cadáver determina,
no depone lo que ve.
¡Oh falta de humana fe!
¡Oh sobra de fe divina!
Cómplice de tal rüina,   25
cae Francisco de su estado,
y viéndose transformado
en el ser que le mejora,
como a sí mismo se ignora,
ignora lo que ha mirado.   30

　　　　Nuevo oriente milagroso
　　　　cobra, porque en sí no cabe,
　　　　que del polvo inútil sabe
　　　　sacar gloria el virtuoso.
　　　　¡Oh, más que el Fénix dichoso,　　　　35
　　　　Borja! Si en el vuelo que haces
　　　　ni aun mentidamente yaces,
　　　　cuánto mejor te eternizas,
　　　　pues, sin costarte cenizas,
　　　　en las ajenas renaces.　　　　　　　　40

111. A la fervorosa oración del Santo, en que muchas veces se veía resplandecer como Sol

　　　　Romance
　　　　Humano mármol parece
　　　　un bulto en aquella parte,
　　　　que en lo postrado y lo inmóbil
　　　　aun menos vive que yace.
　　　　¡Qué de parte del afecto　　　　　　5
　　　　aquellas lágrimas salen!
　　　　En suspiros tan ardientes
　　　　será salamandra el aire.
　　　　Un mudo orador contemplo
　　　　de algún silencio elegante;　　　　　10
　　　　muy cerca tiene el objeto
　　　　quien de la voz no se vale.
　　　　Oyentes rayos le cercan.
　　　　¡Oh Borja, divino Trace,
　　　　que ofreces al cielo atento　　　　　15
　　　　en cada voz una cárcel!
　　　　Niégate a los resplandores,
　　　　águila de Sol más grande,
　　　　que si los rayos le usurpas,

confundirás las deidades. 20
Si orando te divinizas,
y Cristo quiere humanarse,
no juzgará nuestro arbitrio
quién hace de quién examen.
Rayos celestiales buscas, 25
negado a tu misma carne.
Vuelve a tu cuerpo, Francisco,
verás rayos celestiales.
Vuelve, prodigioso enigma;
hombre te resuelve o ángel, 30
que te acusan ya mis ojos
de luminoso cadáver.
Vuelve, soberano Borja,
porque si te cobras tarde,
no has de caber en ti mismo 35
cuando en ti la gloria cabe.
Mas sí, que el cielo previene
que, porque te cobres, halles
gloria en que tu gloria quepa,
luz en que tu luz se bañe. 40
¡Águila del Sol de Cristo!,
tus horas son sus edades
donde en solio empíreo pisas
allí estrellas, aquí altares.
¡Oh fragilidad humana! 45
Así has de divinizarte.
Y, si lo quieres ser todo,
aprende solo a ser nadie.

A la humildad del Santo
Letra
Tanto de sí se olvidó

que con su mismo desprecio,
poniendo la gloria en precio,
con la humildad la compró.
Glosa
Ama Francisco, y transforma   5
su ser en el ser amado.
Cambio feliz, pues su forma
ve en Cristo, viéndose amado,
y, amando, de Dios se informa.
Si en Cristo se transformó,   10
es fuerza que en sí se pierda;
así que colijo yo
que cuanto de Dios se acuerda,
tanto de sí se olvidó.
De sus dones hizo el cielo   15
patria a Francisco dichosa,
mas él, con humilde celo,
comprar la patria gloriosa
con ellos quiere en el suelo.
Y si haciendo de ella aprecio,   20
se permite despojar
de todos, con ningún precio
mejor la pudo comprar
que con su mismo desprecio.
Compite Francisco santo   25
—así la humildad le agrada
con el mismo cielo en cuanto
si le hizo tanto de nada,
él se hace nada de tanto.
La humildad, como el desprecio,   30
fue su flecha, fue su escudo.
Huyendo del mundo necio,
menos que darse no pudo,

poniendo la gloria en precio.
No en el poder ni el honor 35
hay dicha, ni en el saber,
que es la riqueza mejor.
Solo en poder no poder
está la dicha mayor.
Así a la gloria aspiró, 40
deponiendo las grandezas,
Francisco, así la adquirió.
No la compró con riquezas,
con humildad la compró.

Mandó al autor la Religión de nuestro padre San Francisco describiese la vida del B. fray Pedro de Alcántara, pintase parte de ella. Refiérense algunas personales del Santo

Canción real

No las que coronáis las frentes bellas
del árbol que siguió Febo humanado
y Júpiter respeta embravecido,
humanas musas me asistid; aquellas,
aquellas, sí, virtudes del sagrado 5
trasunto de su padre, el escogido
de Dios, antes que fuese al alto nido,
a quien volvió tan bello
como el ligustro cándido que deja
el inocente cuello 10
en aras toscas de villana reja,
sin que en último agravio primer queja
intime al prado que el estrago admira.
Inspira, oh tú, mi lira,
heroico Pedro. Templaré entre tanto 15
con tu llanto feliz mi infeliz canto.
En sitio donde yace abril eterno,

donde todos los meses son abriles,
verde aplauso del Sol, pompa del día,
habitación también del duro invierno 20
que ostenta melancólicos perfiles
en espelunca breve, en cueva fría,
palacio donde Pedro presidía
a fieras, peces, aves,
ya en montes a quien ciñen altos pinos 25
de tan verde espesura, mas tan graves
que al Sol niegan auríferos caminos,
ya en órganos corrientes cristalinos
donde métrica plata
de Dios en alabanzas se desata; 30
pues donde Pedro Santo está presente,
sabe sentir de Dios lo que no siente.
Seráfico pincel, divina pluma
solicitan su forma esclarecida.
Aun de la presunción huye la idea 35
de tan alto volar, aun no es la espuma
capaz venganza, ni al osar medida
(tanto riesgo mis alas señorea).
Mas, ¿cuál copia mortal no saldrá fea,
Pedro, si le hace agravio 40
igual, cuando traslada un imposible
el rudo como el sabio?
¿Quién mide un cielo en ámbito falible
o puede comprender lo incomprensible?
Bien que el temor será culpado extremo 45
si agravio tu poder en cuanto temo,
así, aunque ofensa es mucha
el reducirte a números, escucha.
Fue la proceridad de su estatura
alta con proporción, que a tan gran alma 50

un alcázar de miembros fue decente.
Hizo el rostro desdén a la hermosura,
que, enemigo de sí, llevó la palma
del propio amor que anida en lo aparente.
Los ojos retirados de la frente   55
tuvo en cárcel profunda,
que es gran arte enfrenar los enemigos.
No confusión inmunda
de cabellos sufrió, que son testigos
de vanidad y de blandura amigos;   60
que en lisa piel su trémula cabeza
dibujó su pureza,
y en rostro flaco y en cerviz rugosa
se vio la primer vez flaqueza hermosa.
La monda arquitectura de la vida,   65
la estatua en que la muerte nos transforma
era casi su talle macilento,
que aun tuvo en sí la carne aborrecida.
Los nervios penitentes de su forma
sobre sus huesos fueron instrumento   70
tan al concierto del vivir atento
que jamás disonaron,
siendo austero compás la penitencia.
En su rostro nevaron
candideces a igual circunferencia   75
—éstas fueron sus canas— la inocencia,
la pureza, intención, piedad y celo,
que, como era del cielo,
le puso Dios en cándido distrito
el sello para sí y el sobrescrito.   80
Tosco y breve sayal fue su vestido;
vestido no, que en desnudez austera
a decencias no más se vio cubierto.

Ni porque a bocas ciento,
roto, herido, nuevas defensas el sayal pidiera 85
las concedió, porque mirando abierto
su corazón a Dios y descubierto,
al exterior ornato
negó lo que a su pecho le negaba.
Al sueño siempre ingrato, 90
descansos en desvelos transformaba;
ninguno o momentáneo le hospedaba;
fuerza en él, no elección del ser humano,
sueño, pero no vano.
Pues a no estar en Dios su fantasía, 95
jamás durmiera, porque en Dios vivía.
Profesó, pues, tan próspera pobreza
que solo poseía la esperanza
(aunque con Dios no hay esperanza sola).
¡Oh cuántas veces de mortal riqueza 100
(caduca adulación) halló venganza
con desprecio que el ánimo acrisola!
Y como suele rápida la ola
que su ribera azota
retroceder herida de la peña, 105
con humilde escarmientol bien que rota,
tratable al marinero y halagüeña,
si Pedro alguna vez miraba seña
en sí de afecto deleitable humano,
con rigurosa mano 110
la quebrantaba, y la borrasca y pena
traducía a quietud y a paz serena.
Tanto llegó a tasarse el alimento
que pareció su humanidad fingida.
Su carne se quejó como olvidada, 115
recibiendo el levísimo sustento

de frágiles espigas, porque anida
en ellas Dios con alta unión sagrada.
Y aun, si no fuera el pan forma imitada
de aquella blanca forma 120
en que a Dios repetía sacrificios
(dando en ellos angélicos indicios,
pues en la acción absorto se transforma),
aun el pan se negara,
sustentado a invisibles beneficios; 125
y aun la porción de su alimento rara
pudo tener celosa al alma atenta
cuando el cuerpo de espíritu alimenta.
Mas, al tiempo que Pedro, atento y fino,
hizo de su humildad divisa y gala, 130
no supo Dios deber la recompensa.
Banquete de sí mismo le previno,
siendo otro Pedro dulce maestresala,
que a tanto imitador tanto dispensa.
Pedro, excedido de la lumbre inmensa, 135
teme creer lo que mira,
y teme, no creyendo, ser ingrato.
Suda, pues, y suspira,
de dos contrarios tímido el recato.
Crece de Dios el beneficio y trato 140
que, en su santa humildad aposentado,
deja a Pedro endiosado,
creyendo Pedro que, si Dios le vive,
da Dios a Dios el culto que recibe.
Cuando, erizado a golfos, Guadiana, 145
presumiendo de mar, se vio furioso
borrar la antigua ley de su ribera,
de Pedro fue la planta soberana
tridente fiel al piélago espumoso,

el manto vela y Cristo la ribera. 150
Pasmado, pero intrépido, venera
el compañero atento
el gran prodigio, y sus estampas sigue
incapaz al portento.
¡Ea, campeón de Dios, sulca y prosigue! 155
Con excesos de amor amor te obligue;
callen del otro Pedro los favores,
pues en ti son mayores,
que entonces Dios su ley acreditaba,
más contigo su amor cuando te honraba. 160
¿Qué mucho que, uniformes y obedientes,
los elementos todos se dediquen
(cuando furiosos más) a tu respeto,
y que de nieve rígidos pendientes
copos a ser tu hospicio se compliquen, 165
mientras tratable el cielo y más perfeto
a tu viaje da felice efeto?
¿Qué mucho que aquel monte
que ardió con tal tristeza de tus hijos,
Etna de su horizonte, 170
enfrenase los vómitos prolijos,
cambiando, al verte, en mansos regocijos
las ondas de la llama?
¿Qué mucho que tu carne no padezca,
aun difunta, si en ti la gente ha visto 175
difunto un hombre cuando vivo un Cristo?
Canción detente, y esta ofrenda pía
depon, adonde Pedro pisa altares,
en urna que es de España fiel tesoro;
que España goza a emulación del día 180
golfos de luz por Pedro, en quietos mares,
porque yace en arenas puras de oro;

esto en el suelo, que en empíreo coro,
por arenas, estrellas
besan sus pies, porque sus pies besando   185
se acreditan de bellas.
Di, canción, a sus hijos que gozando
se están en su memoria,
que su memoria es índice de gloria.

Síguense las Rimas de don Gabriel Bocángel, con la Fábula de Leandro y Ero, que se imprimieron los pasados años. Ahora se sujetan e incluyen en la Lira de las Musas. Dirigiéronse al marqués de Camarasa, gentilhombre de Cámara de su Majestad, mayordomo mayor del Serenísimo cardenal Infante, mi señor, etc.

Los elogios y aprobaciones, unos y otras de sujetos ilustres y doctos, junto con los demás principios restantes que se imprimieron la vez primera en las obras siguientes —supuesta la venia de sus dueños— se omiten aquí por aligerar este volumen. Por la misma conveniencia se excusan las prosas que al fin de las dichas Rimas se imprimieron antes.

Fábula de Leandro y Hero

A don Juan de Jáuregui, Caballerizo de la reina nuestra Señora, docto y admirado exceso de las musas y de los pinceles, etc.

Oh tú, que la madeja inobediente
de oro libre coronas con estrellas,
Melpómene inmortal, en cuya frente
su esplendor eternizan las más bellas:
díctame de tu espíritu elocuente   5
furor con que las almas atropellas;
hiere con tu marfil el nervio grave,
quéjese el nervio en cántico suave.

Dime de aquel intrépido y constante
joven la historia que olvidó el olvido;   10
dime de aquella virgen naufragante
más con el alma que el garzón de Abido,
por quien clama a las ondas de Atamante:
«Ondas, volvedme el líquido marido,
cuya amorosa llama se sospecha   15
en el mar, en el mar, aún no deshecha.»
A ti, del Betis hijo prodigioso,
milagro por sus ondas humanado,
se prohíja este aliento numeroso,
y se conduce a ti, de ti inspirado.   20
ola esta vez el alto ingenio ocioso
suspende, a tanto oficio destinado.
Mi voz inflama, mi instrumento inspira:
oirás afecto mucho en poca lira.
Huelgue asombros tu pluma, solo entanto   25
que le faltan aumentos a tu vuelo;
no averigües los números al canto,
¡oh tú, el menos mortal, mortal del suelo!
Deja alentar la envidia; calla en cuanto
te labra honor su artífice desvelo;   30
escucha en tanto que en su ciego abismo
eterno yaces, renaciendo el mismo.
En muda elevación, Jáuregui, agora
que tu nombre no más es tu alabanza,
calle el pincel que espíritus colora   35
y más admira en cuanto no se alcanza.
Mira que ya naturaleza llora
con el arte, confusa semejanza,
y en tus pinceles a envidiar empieza
más viva, eterna más, naturaleza.   40
Yace allí, donde más se ilustra el día,

la garganta voraz del Ponto aleve
que distingue con bárbara armonía
de Europa al Asia por espacio breve;
penado vaso de ponzoña fría							45
al navegante que sus ondas bebe,
después, en el Euxino mar, dilata
selvas de vidro o páramos de plata.
Enjuta habitación fue de la fiera
ésta que habita ya fiera escamosa;						50
tragó el marino monstruo su ribera,
y arado de cristal sufrió la rosa.
A peces y aves fue común la esfera;
huyó el delfín de la borrasca algosa
al alto abeto, y del ligero gamo							55
hendió las aguas el añoso ramo.
Entonces a inundar el sitio herboso,
claro ladrón, Neptuno se entremete,
a Ceres usurpando el delicioso
útil terreno por estadios siete.							60
Aquí sulcó después el temeroso
de Frixo y Hele lamentable Ariete,
por el precepto del piadoso padre,
contra las iras de supuesta madre.
Entró el Ariete, cual antiguo abeto,						65
a padecer agravios de Neptuno;
al arbitrio del Bóreas imperfeto,
sin nauta se fió, sin rumbo alguno.
Sintió en las aguas abrasado objeto
el dios helado, y anegó importuno						70
la casta ninfa, y por la ninfa el Ponto
goza el nombre adquirido de Helesponto.
El persa aquí, contra la griega gente,
escondió con la armada que hoy se honora

la mar, que consintió trémula puente 75
y, oprimida, no pudo ser traidora,
ni el Aquilón, calándose al tridente,
moverse pudo en tempestad sonora;
que los soldados, de vencer sedientos,
sujetaban también los elementos. 80
A la parte de Tracia, defendido
de eternas rocas, se levanta Sesto;
Narciso eterno, se derriba Abido,
siempre sobre la mar, en sitio opuesto.
Ambas ciudades penetró Cupido 85
con un harpón, a su rüina expuesto,
dando la muerte en codiciada copa
al prodigio del Asia, al de la Europa.
Hero en aquésta, y en aquélla vive
Leandro, de una fe, de una ventura; 90
yace cualquiera en sí, en el otro vive,
pero ninguno vive, sino dura.
Ninguno el golpe del amor recibe
en alma propia, en propia sí figura,
o cada cual, para dolor más fuerte, 95
aguarda con dos almas una muerte.
De la ninfa gentil bañan el cuello
hiladas ondas que produce el oro
de Arabia más feliz; de su cabello
se esconde el Sol con célebre decoro; 100
matan sus rayos, y el morir es bello;
roban, y dan, robando, su tesoro;
vivifican sus ojos, y La vida
tiene la mayor parte de homicida.
Perla se anida en natural rudeza 105
de antigua concha, y, muro solitario,
solo a Venus consagra su pureza

atenciones en culto voluntario.
Besa la torre el mar, y su fiereza
allí reduce a aplauso tributario,   110
y bien convino que le diese Sesto
al escollo de amor de escollo el puesto.
Tal entre rayos de nativa espina
en muda soledad vive la rosa
la edad de un Sol y, cuando el Sol declina,   115
no espira, aunque desmaya temerosa.
Si el zagal o la ninfa se le inclina,
enamorado él, ella envidiosa,
con naturales puntas se defiende,
y aquello vive que a la mano ofende.   120
Discreto el joven es, sin artificio;
no afectado galán, bello sin arte;
valiente, mas valiente sin indicio,
que herir con la amenaza no es de Marte;
al talle la atención no arguye vicio;   125
libra todo el valor en cada parte;
por suerte natural en Asia excede,
por mérito también en dicha cede.
Vive en su rostro primavera amiga,
y, en el dorado campo de su labio,   130
el bozo en forma de dorada espiga
de agudo acero no sufrió el agravio;
sabio, de amor tolera la fatiga,
y la dicha tal vez tolera sabio,
que el amante se logra en la desdicha,   135
porque malogra el mérito en la dicha.
Hay en la parte donde Sesto acaba
templo grande, gran bosque y gran teatro;
del cielo pende y al abismo cava,
cuyo exordio parece anfiteatro;   140

con frecuente cristal el mar le lava;
líbrase al occidente en basas cuatro,
cuatro da a los Triones, ocho ofrece
al oriente y al día cuando crece.
En orden circular hay cien colunas 145
en alto, que grabó mosaico vano
con adversas y prósperas fortunas
del griego, del egipcio, del tebano.
Relevantes estatuas hay algunas
que burlan la atención, después la mano; 150
finge el bulto vivaz artificioso
voluntario sosiego-no forzoso.
Osténtase en la inmensa pesadumbre
labrado friso, dibujada trabe,
dórico jaspe y, con pesada lumbre, 155
bronce que al oro debe lo suave;
de este metal se miran en la cumbre
selladas puertas donde el dios más grave
(tanto lucen y suenan) hace ensayos
de los horrendos truenos y los rayos. 160
No huelga espacio donde no se aclama
el gran cincel de Dédalo valiente;
en los metales que mordió derrama
cuanta sutil historia Grecia siente:
el que trocó su vida por su fama, 165
hijo del Sol, zozobra tan presente
que, previniendo el arte nuestro espanto,
le libra al mar de compasivo llanto.
Del metal superior lámina rica,
vestido de su afecto, ocupa Orfeo; 170
en cuanto calla más, mejor se explica,
porque es muda retórica el deseo.
Su imperio en el divorcio significa

de la noche inmortal el padre feo,
y en vano aboga la consorte diosa,   175
bien compasiva, pero mal celosa.
En vivas ondas de funesta plata
en estampa diversa está Narciso,
que en su líquida efigie se desata;
tanto se aborreció como se quiso.   180
Ninfa vocal, inútilmente grata,
le imita casi en el furioso aviso;
él adoró su misma sombra, y ella
de su amado aplaudió la sombra bella.
Tres veces el gran Fabro la siniestra   185
fortuna quiso dibujar del hijo;
tres le quitó de la paterna diestra el gran buril el
   gran dolor prolijo;
hurta el rostro a quien mira, con que muestra
pena mayor, y, al Sol el rostro fijo,   190
por el joven parece que decía:
«La fuerza le faltó, no la osadía.»
Tres veces grados diez están primero
que el trono que de nubes se corona;
su capitel, o cúpula de acero,   195
o los mobles impide o los perdona.
Del crédulo devoto el don sincero
esconde el muro y la deidad abona,
y en las ebúrneas aras siempre ondea
humo votivo de olorosa tea.   200
A ti, Venus, el solio se reserva,
a ti, Adonis, el templo se dirige;
tiñe tu sangre la funesta hierba,
y no eres a quien más tu muerte aflige.
Venus tu aliento con su boca observa,   205
muerte inmortal en tu desmayo elige;

tu labio con su mano cierra y toca
porque el alma no exhales por la boca.
Tal era el templo, ahora venerable
más por rüina que lo fue por templo;   210
jamás le retrató la mar instable,
porque ni aun de ese modo tuvo ejemplo.
El artificio fue más estimable
que el precio, aunque sin precio le contemplo;
sobre todos inmenso fue su espacio,   215
y aun la deidad no cupo en el palacio.
Era del año el lustro lisonjero
cuando el planeta, a quien se debe el día,
los cuernos inflamó del toro fiero
y luego de ellos el abril vertía;   220
sazón en que el nativo y extranjero
agreste pisa la ribera umbría
de Sesto, y a adorar su ceremonia
llega el cipro zagal, llega el de Hemonia.
Viene el frigio, no queda el citereo,   225
y el trace, aún más devoto que vecino;
cuanto escollo hospital tiene el Egeo
desampara el isleño cristalino.
Al templo acuden en devoto empleo
a celebrar de Adonis el destino,   230
de Adonis, digo, la fatal memoria,
fábula al tiempo, si al dolor historia.
Galas viste el descuido, y el afeto
cuidados; yace allí desnudo el arte;
libre goza el sentido de su objeto,   235
sin temer que malicia se le aparte;
donde nace no más vive el conceto,
y, si a la lengua da trémula parte,
es arbitrio de amor, que no cautela,

pues solo en aire de suspiros vuela. 240
Huella el templo inmortal número amante
que deja todo número excedido.
Hero, Sol de beldad mudo y triunfante,
su cielo ostenta, en vano pretendido;
no es el amor, mas es tan semejante 245
que, si tuviera amor, fuera Cupido;
rígida piedra que en la oculta llama
se hiela, mas también el hielo inflama.
Fuerza de luz intolerable abraza
su rostro, cuidadosamente inculto; 250
en sagrados retiros se disfraza,
cediendo a Venus ministerio y culto;
ya su mano la víctima embaraza
delante de uno y otro sacro bulto,
y, mientras el solemne oficio emprende, 255
la atienden todos, mas a nadie atiende.
Ya la ministra súplice en el suelo
la virginal y trémula rodilla
clavó, clavó los ojos en el cielo,
esgrimiendo tres veces la cuchilla. 260
El corazón, bañado de recelo,
la dibujó el afecto en la mejilla;
tiembla el brazo, la fiera le barrunta,
y el miedo por la víctima pregunta.
Las cejas arqueó y aró la frente 265
la admiración; ninguno respiraba;
disimulóse en la atención la gente,
y el silencio tan solo se escuchaba.
Las aras salpicó rojo torrente
del animal que Venus más odiaba; 270
mira la sangre el crédulo adivino
y al pueblo expone triste vaticino.

Digiérese en la llama el sacrificio,
y la sacerdotal venda depone
la ninfa; luego, con afable indicio,   275
mezclada al pueblo, al pueblo se propone;
todos la miran, y el exceso o vicio
del que la mira mal muda y compone;
bien que, si en el delito persevera,
fiera se finge, mas agrada fiera.   280
No le dejaron ser vulgar, ni ajeno,
el mérito, el semblante y la estatura
a Leandro; bebió cuanto veneno
el áspid le brindó de la hermosura;
quiso hablar, y un suspiro como trueno   285
del rayo de la voz salir procura;
ninguno sale, que ambos se mezclaron
y después indistintos se escucharon.
Cual mariposa en lumbre imperceptible
con flaco aplauso el riesgo solemniza,   290
quiere morir, y duda si es posible
gozarse, sucediendo a su ceniza;
viendo ya que el vivir es imposible
sin la muerte, en la muerte se eterniza,
porque, resuelta al pretendido abismo,   295
bebe en su vanidad su parasismo.
Así el amante, hidrópico de fuego,
tácito se consume, como activo;
sirve la turbación de cauto ruego,
y el desmayo produce efecto vivo.   300
Viéronse al fin y se miraron luego,
como los que en reparo discursivo
dudan si se conocen, dudan dónde
se vieron ya, que el tiempo se lo esconde.
Solo no dudan, que, conforme estrella   305

une dos almas —pero no, que es una—,
él es modesto cuanto hermosa ella,
ella hermosa y modesta cual ninguna;
de sus ilustres partes el ser bella
es la menor; el cielo y la fortuna   310
compitieron por ver cuál más podía:
Hero y Leandro fueron la porfía.
Traen el fuego de amor ojos audaces,
y débiles le entregan al deseo;
éste, que ve sus centros incapaces,   315
se le da a la esperanza por trofeo.
Amor hace las guerras y las paces,
y es en las paces mal seguro reo;
vuelan heridos ambos corazones
con las plumas no más de los arpones.   320
Presa aprisiona la dorada trenza,
¿qué hará después en libertad lucida?
Quiere la ninfa hablar, y se avergüenza,
de rudeza elocuente detenida;
pero acaba el amor, si ella comienza,   325
y habla el alma en la lengua enmudecida.
¡Oh inevitable amor, prodigio eres;
apenas naces cuando armado hieres!
A mudo campo de silencio impuro
ya la noche a la luz desafiaba,   330
la noche que, cual Argos más seguro,
de estrellas mil su vista fabricaba.
El Sol, dejando su zafir ya oscuro,
en el mar su hermosura retrataba,
que, siendo dios, aún quiere que se siga   335
la lisonja inmediata a la fatiga.
A la mayor tragedia el arco oprime
amor, y, para el alto vencimiento,

es clarín el suspiro del que gime,
bombarda la cicuta del acento; 340
y, antes que a la batalla desanime
blando espirar y respirar violento,
a los amantes dos, que absortos halla,
mor presenta la mortal batalla.
«Ninfa por quien amor muere de amores 345
—el joven la intimó— y elíseo mayo,
cuando mi amor te dicen tus primores,
tarde te informa mi postrer desmayo.
Víctima muda fueron mis ardores;
el trueno escuchas de tu mismo rayo. 350
¡Ah, ninfa, escucha mi pasión, y luego
serás deidad!, que tanto puede el ruego.
Del mérito mayor alta asechanza
es tu valor sublime, el rostro tuyo;
amor te pide amor, y, si le alcanza, 355
el ser tuyo no más quiere de suyo;
quiere morir con sola la esperanza
de que te agrade si la vida excluyo.
Mira si tiene por vulgar su suerte:
¿quién su pena redime con su muerte?» 360
Esto el joven no más, porque se aleja
la voz al labio, al pecho el movimiento,
mientras amor por la virgínea oreja
difunde la cicuta del acento.
Como en lívida sierpe ninfa deja 365
el pie cautivo que volaba exento,
y no puede correr, parar no sabe,
que es el miedo veloz, la planta grave;
así de amor la ninfa salteada
después se halló advertida que, sujeta, 370
el áspid toca, de inocencia armada,

y, excluyéndole flaca, más le aprieta.
Cóbrase al fin de la pasión helada
que la dejó difunta, no imperfeta.
Tuvo en su olvido amor acuerdo largo 375
de esconder en el oro su letargo.
Cóbrase al fin, y el decorado manto
preso del joven y su mano mira,
vela de amor que, en golfo de su llanto,
hinchada a soplos de anhelar respira. 380
Tempestuosa beldad, fulmina en tanto
rayos que templa en oficinas de ira;
Leandro, mudo y a su vela atento,
el océano sulca del tormento.
«Huésped —le dice—, ¿qué locura inflama 385
tu amor, más afectada que precisa?
Virgen soy, virgen noble, y a quien llama
la Estrella Diosa gran sacerdotisa.
Ricos padres me ilustran, cuya fama
primero te amenaza que te avisa. 390
Huésped eres también, y, si fingido,
prisión tendrás donde imaginas nido.
En muda pompa y solitaria almena
sierva de antiguo pelo al Sol me esconde.
Huye temprano, joven, de tu pena, 395
negativa piedad en mí responde;
piadosa huye la que, huyendo, enfrena
amor que a lo imposible corresponde.
Salve, pues, que se enlutan
ya las horas y en el aire difunto al Sol ignoras.»
 400
Dijo, y el Sol turbado de su cara,
con inmota atención, clavó en el suelo,
y el desdeñoso pie casi volara

si no durase enajenado el velo.
Respuesta más retórica que clara 405
previene el joven, desatando un hielo;
pende en su labio, adustamente frío,
del veneno de amor melifluo río.
«Hero (y perdona si te invoco humana,
no mortal, porque humana te pretendo), 410
ten piedad que te aclame soberana,
otórgame perdón si, amando, ofendo;
ídolo sordo de cristal y grana
con alma helada, y alma en que me enciendo,
detente, escucha, que excederte puedo 415
con alas del amor, alas de miedo.
Ya sé que yace por tu mano bella
cuanto a Venus conduce el hemisferio,
o tú, cobrando víctimas en ella,
confundes la deidad y el ministerio; 420
sé que eres Sol, y Venus es estrella
que delante del Sol pierde el imperio.
Por ti el ara y cuchillo, ¿quién lo duda?,
ámbar aquélla y éste sangre suda.
Sé que eres virgen única en belleza, 425
tanto que, por no darte semejante,
hizo diversa en ti naturaleza
amarga condición, dulce semblante.
Mira, si tú padeces tu fiereza,
¿qué aguardaré de ti, mísero amante, 430
mísero amante que a perder la vida
anhelo y hallo sordo al homicida?
Arde en la mano de la Cipria hermosa
llama feliz que apoya nuestro empeño.
Bien soy mayor que el que gozó tu diosa, 435
hijo nefando de un fecundo leño;

mi estirpe, cual mi faz, es generosa;
agora el mar me retrató risueño.
¡Ay, cuántas veces liquidar me quiso
en sus cenizas de cristal Narciso! 440
Leandro soy de Abido; alguno apenas
me ignora; o tú me agravias o conoces.
Ni huésped soy ni huéspedes mis penas;
en ti nacieron; si las reconoces,
desde las tuyas, desde mis almenas 445
el aire quieto juntará las voces.
Nobles mis padres son, cuya riqueza,
quien se atreve a contarla, solo empieza.
Sigue a Venus amando, y, si te niega
tu anciano padre nuestro acorde empleo, 450
en tanto que al común ocaso llega
nos unirá clandestino Himeneo.
Fulminarás a la tiniebla ciega
con luz nocturna, norte a mi deseo,
que a Sesto me conduzca desde Abido, 455
ladrón esposo, intrépido marido.
No me verá jamás la Aurora en Sesto,
ni la noche en Abido, si tu lumbre
indicare con rayo manifiesto
a racional bajel su puerto y cumbre. 460
Por ti, ¡oh Venus mejor!, el mar molesto
me trocará su orgullo en mansedumbre,
dándote yo, mientras me das los brazos,
en las maternas conchas mil abrazos.»
Así se originó la boda infausta, 465
y, negando, la virgen la consiente,
por quien, ya del amor la aljaba exhausta,
ministra solo amagos, flechas miente.
Présaga selva, por entonces fausta,

que fantástica gloria ve presente, 470
a cuantas voces oye, en los amigos
ecos, presta fantásticos testigos.
Apártanse en distancia indivisible
Leandro a Abido, la doncella al muro,
con acuerdo de arder fanal visible 475
cuando espire en el mar el Sol futuro,
el joven de esperar (si le es posible)
en la patria ribera el aire oscuro.
En tanto estudia el rumbo y, mientras puede,
huye nadando; amor le retrocede. 480
Como se queda en extranjero prado
robado y solo errante peregrino,
que el cielo juzga sordo y retirado,
y espera inmoble el rayo matutino,
o, en muda tempestad el pie enriscado, 485
pregunta a algún relámpago el camino;
clama al cielo, y el cielo a sus desmayos
o se esconde o se muestra solo en rayos.
Hero, robada más y más confusa,
a sí misma se ignora, y a su pecho 490
el pecho falta, pero ya le excusa
en blando incendio del amor deshecho.
Inquiere el sueño, el sueño la rehúsa;
el lecho busca, y desampara el lecho;
escucha al mar que, entonces silencioso, 495
dispensa el ruido del marino esposo.
Mas, ¡oh Musa!, mi labio baña ardiente,
que, Tántalo del mar, sulco y le ignoro;
báñale, amor; describiré, furente,
el alto triunfo de tus armas de oro, 500
porque un estrecho mar es indecente
si ya no de mi voz, de tu decoro;

y, si muriere yo, muera de suerte
que se acabe mi vida y no mi muerte.
Los confines a Abido le guarnece   505
huerto mayor, oh Hespérides, que el huerto
que defendisteis mal, y se agradece
al gran Alcides el haberle abierto.
Así de flor y fruto se enriquece,
que ciudades de olor labra al desierto;   510
Dédalo, abril, de un verde laberinto,
ni sale de él ni de él se ve distinto.
Música turba de volantes flores
viste al aire dulcísimo concento,
mostrando inteligencia a sus amores,   515
con grato aplauso suspendido el viento;
aladas flores son los ruiseñores,
las flores, mudas aves; allí, atento,
se desvela el sentido, y aún no sabe
si es canora la flor, fragante el ave.   520
Aquí, en perennes lágrimas, traduce
Leandro firme las memorias de Hero;
a su ya odioso albergue se reduce,
y es adonde nació raro extranjero.
Atiende a Febo y, porque Febo luce,   525
le llama cruel y le parece fiero;
y, tardo el Sol, envidias le repite,
que con Leandro solo el Sol compite.
Ya de puro sentir libre y exento,
se da al dolor, se ofrece a la tristeza, 530
que no hay naturaleza en el tormento
cuando el tormento es ya naturaleza;
lo que violento dura no es violento:
puede serlo no más mientras empieza.
¡Triste de aquel que, en un martirio largo, 535

le da un caduco bien veneno amargo!
Así vive Leandro, si es que vive,
lástima igual del Sol y de su ausencia;
nuevo fénix de amor, muere y revive
de su funesto mal, de su paciencia.   540
Ondas de fuego el suspirar describe,
de allí muda región, no muda esencia,
porque es ave el amor que se deshace
en propio incendio y del incendio nace.
Ya por el Sol, que fenecido había,   545
el zafir celestial ardió diamantes;
ojos abrió, para llorar la impía
historia de los míseros amantes.
Hero, nocturno Sol, amanecía,
y a su mano prestó sus rayos antes;   550
dejó a Leandro de la luz el coche,
idolatrando el templo de la noche.
Acuerdo de los dos fue que el ausente
no se permita al mar sino alumbrado
de firme antorcha, ni ésta se presente   555
sino al mar, sino al viento reportado.
¡Oh acuerdo de los hombres imprudente!
Tus aciertos son fábulas del hado.
¡Qué lejos de sus juicios, ay, qué lejos,
nos labramos ruinas en consejos!   560
Mira el joven audaz, mira y aún duda
el rayo amante amado de la torre;
para luego la vista, el paso muda
y a sus incendios breve el mar socorre.
No así el atleta por la arena muda   565
veloz al sitio de la lucha corre
como Leandro inquiere, activo y pronto,
averiguar las aguas de Helesponto.

Ágil se otorga al agua sosegada,
y cuanta arroja el brazo, el pie la hereda;   570
pavón cerúleo, deja dibujada
ojosa espuma en cristalina rueda.
Siempre invoca en su líquida jornada
dos estrellas que afrentan las de Leda;
hiende el agua, y él mismo al golfo frío   575
es vela, es remo, es nauta y es navío.
Hero distingue más y más el bulto,
y con la viva antorcha al mar desciende;
inquiere con la luz el sitio oculto
por ver si ve la lumbre que la enciende;   580
tal Ceres por el Etna, en traje inculto,
buscó el robo filial que aún hoy pretende,
y, por la tea que honoró su mano,
Tedífero se llama el siciliano.
Menos del mar que del amor desnudo,   585
el amante la playa ve tranquila,
y el mezclado sudor, o tibio, o crudo,
con cuantas plumas bate amor ventila;
la virgen, digo, que enjugarle pudo
en linos que, sutil Aragnes, hila,   590
y, donde falta el lino, su cabello
le ensarta en oro aljófares del cuello.
«Esposo —dijo—, ¿quién te contradice,
si el cielo te me intima por esposo?
Mucho duraste al mar, él te eternice,   595
si no humanado pez, hombre escamoso;
pieles te abriguen que dejó infelice
gamo a los dientes de león furioso.»
Dijo, y el cuerpo penetrado abriga,
sepultando entre halagos la fatiga.   600
Así se venga del marino ultraje,

y los requiebros oye interrumpidos
de robos del amor, de tal linaje
que agradan, no explicados, sucedidos.
Al tálamo dirigen el viaje,   605
bien que los valles, como prevenidos
de lo que han de durarles los amores,
lecho les daban de caducas flores.
él las señas del mar todas sacude,
de aromas süavísimos lavado;   610
ella a adornarse del silencio acude,
el secreto a la noche encomendado.
Nada quiere que el joven de ella dude,
ignórase si amante más o amado.
Muere la luz cortés, y Venus arde   615
lumbre mayor en tenebroso alarde.
Calza Himeneo la siniestra planta
con lazos negros, no con áureos lazos;
no el coro juvenil teas levanta,
ni Juno extiende los legales brazos;   620
no el padre alegre el Himeneo canta,
que la madre acredite con abrazos;
no aromático aguarda ya el consorte
que el no cortado pelo alguno corte.
No al consorcio legal culto poeta   625
festivo entona epitalamios graves;
de aves canta no más turba imperfeta,
que fueron ya tragedias y son aves,
cuando del ocio de la noche quieta
nace la aurora, y las doradas llaves   630
de la prisión de Febo, ya impaciente,
a las puertas aplica del oriente.
Deje la vid el olmo a que se ajusta;
deje la hiedra el muro a que se abraza;

deje la llama su materia adusta 635
y el ciervo la corcilla a que se abraza;
la tórtola, el esposo que la gusta;
y, en sitio fértil, cazador, la caza;
deje el cisne sus aguas en Meandro.
Todo es poco, esto es más: Hero a Leandro. 640
Ya prueban a ser dos (alto imposible,
que cuerpos y almas son un alma sola);
él se entrega a Neptuno que, apacible,
la primera le dio, la postrer ola;
ella de su balcón, mientras visible 645
es el amante, el corazón tremola;
hurta el cuidado a celadora fea,
que, cantando, engañaba la tarea.
Viéronse veces mil, y mil la aurora
los dividió, envidiosa como fría; 650
tantas Hero engañó su celadora,
a la noche mujer, virgen al día;
su observación ninguna estrella ignora,
que el amor le enseñaba astrología;
Leandro su fatal estrella atiende, 655
que está en la torre, y de la estrella pende.
Ya de los verdes árboles derriba
la posesión y la esperanza Eolo;
solo en su desnudez el prado estriba,
y de su precipicio pende solo. 660
Gime el agua el desdén, que antes, estiva,
se regalaba en piélagos de Apolo;
trueca el suelto novillo su nevado
monte al costoso abrigo del arado.
La magnánima ninfa, sorda y ciega, 665
porque solo su amor mira y escucha,
la tea funeral al aire entrega,

en cuyas iras se contrasta y lucha.
Ya el amante la mira, ya la ruega;
dúdala débil y la aguarda mucha; 670
arma de fuego su veloz intento,
porque elemento venza al elemento.
Algo se enfrena el mar, porque del trato
aleve siempre fue lo afable indicio,
o porque suele ser principio grato 675
la máscara de oculto precipicio.
Tres veces se desnuda; tres, ingrato,
Neptuno repudió su sacrificio;
al fin, resuelto a la postrer fortuna,
exclama al mar, al viento y a la Luna: 680
«Escucha, Eolo (ay, triste del que espira
y al viento le encomienda su esperanza);
favorece, Aquilón, a quien suspira,
porque con simples voces no te alcanza.
Amante soy, tú amaste. Aún hoy admira 685
Atenas en Ortigia tu pujanza.
¿Qué hicieras, di, si entonces en tu abismo
te obstara el viento, armado de ti mismo?
Y tú, inconstante Cintia (pero estable,
si atiendo a mi discurso), tu horizonte 690
argenta, baña el mar; por mí te hable
no soñoliento Endimión al monte;
un Sol me enciende, por quien excusable
daré a las aguas nuevo Faetonte,
un Sol que, cuanto excedes las estrellas, 695
las de sus ojos te aventajan bellas.
También, Neptuno (a quien postrero invoco,
porque te tiemblo más), te vio Melanto,
galán cerúleo, transformarte loco,
armándote de halagos a su espanto; 700

fuego soy mucho a tu elemento poco.
Océanos me ensayan en mi llanto.
¡Ah, déjame volver, si es que la suerte
los piélagos me enseña de la muerte!»
Dijo, y a la región se arroja clara,   705
con rasgado ademán y acción severa;
ya se le huye la ribera cara
y la vida que estaba en la ribera;
duerme Láquesis, y Átropos prepara
al estambre fraterno la tijera.   710
Hero navega en golfo más incierto,
y más peligra en dudas desde el puerto.
Del renaciente invierno entonces era
madre la tempestad y padre el hielo;
cuando el piloto aún teme en la ribera,   715
enfrena el curso y escudriña el cielo;
cuando el pastor se viste de la fiera,
la fiera y ave encogen curso y vuelo:
en todos es tirano el yerto frío
y en dos amantes almas el estío.   720
De la horrísona cárcel salen, varios,
Céfiro, Bóreas, Aquilón y Noto,
y, aunque en naturaleza son contrarios,
se conforman en ser contra el piloto;
teme el cielo gigantes temerarios   725
de agua, y quisiera hallarse más remoto;
hiérele el mar sacrílego; mil veces
nadar pudieron los australes peces.
El agua lucha con amante fuego,
cada cual con su adverso enfurecido;   730
ábrese el mar, y del infierno ciego
salen las Furias y se toca el ruido;
la tempestad sonora tronca el ruego

del joven, muy devoto y nada oído;
vuelve la media voz a su despecho   735
a rimbombar los cóncavos del pecho.
Vuela la ardiente arena y se traslada
a ser del aire momentánea sierra,
que tanta tempestad busca morada
(que es poca la del mar) sobre la tierra;   740
la luz, que a la tiniebla estar mezclada
suele, de la tiniebla se destierra.
¡Qué hará de aquel que viere entre su furia
el mar, si él mismo brama de su injuria!
Cárdeno el joven, contrastado y laso,   745
llevar se deja ya, más no se mueve;
bebe la muerte en proceloso vaso,
y bebe sed de vaso que no bebe
de aquella ninfa que, al farol escaso,
contra los vientos da socorro leve;   750
aplica el manto y la nevada mano,
mas la nieve a la luz se opone en vano.
Muere el hacha indefensa que, encendida,
émula fue del ceño de Diana;
fiero presagio de una y otra vida,   755
por más que le desmienta la mañana,
cuya luz, a la luz sustituida,
mostró la selva de Anfitrite cana,
los amantes mostró, que, insensitivos,
ni muertos yacen ni consisten vivos.   760
Los objetos se libran del objeto de la noche
que, negra, los mezclaba;
el escuadrón de vientos imperfeto
al monte que los sella respetaba;
en carro de cristal Tritón, inquieto,   765
los rencores del Ponto sosegaba,

y, sacudiendo la borrasca fea,
cada marino dios buscó su dea.
Inútil peso, por el mar delira,
patente al Norte suyo, el naufragante, 770
que el nombre amado con el alma espira
(partes que no son dos en el amante);
no puede pronunciarle y le suspira,
porque cabe la voz en un instante,
o ya porque, si el nombre no saliera 775
(que es alma de Leandro), no muriera.
Delincuente Neptuno, más que pío,
el cadáver expone al tracio puerto,
o fue el amante que, difunto y frío,
muestra que la buscó después de muerto. 780
Ella le mira sin acción o brío,
tal que se duda bien cuál es el muerto.
¡Oh, cuánto al muerto el vivo se prefiere,
que a cuenta del dolor viviendo muere!
Igual a seco fulminado roble, 785
Hero contempla el tronco inanimado.
¡Oh, cómo es mucha en el cadáver noble
la muerte, todo de ella dibujado!
¡Oh, cómo en Hero ejerce furia doble!
¡Cuánto a lo vivo cede lo pintado! 790
Rasga, a pesar de no poder, la calma
del silencio, y así profiere el alma:
«Oh tú, que a mis arenas infelices
Leandro partes y cadáver llegas;
que muerto estás, pero difunto dices 795
que el alma diste a quien el cuerpo entregas;
tiempo es ya que tus daños utilices,
gozando juntos de las horas ciegas.
No sé dónde mayor vida nos llama,

al reino del dolor o al de la fama. 800
Agradézcote el lauro postrimero
que me das con tu muerte de constante;
aunque pisaste el Báratro primero,
mayor le miro en tu fatal semblante;
menos si dulce, mas tan vivo y fiero, 805
gozo en tus ojos el incendio amante;
y ya, para imitar muerte tan alta,
no fenecer, solo faltar me falta.»
Primero que le entienda juzga el daño,
pues le pesara de poder consigo 810
alivios aguardar al desengaño,
donde el dolor se ofrece por testigo;
precipitarse quiere, que su engaño
la promete gozar del yerto amigo,
porque sepan los términos de Apolo 815
que no pudo morir Leandro solo.
Buscar quiere en el viento su esperanza,
librando al viento el corazón seguro;
funesto paraninfo, se abalanza
desde la almena que termina el muro. 820
Ya es cadáver también; sigue y alcanza
al triste esposo en el Averno oscuro;
todo el mar los sepulta, todo el viento,
y al mérito aún le falta monumento.
Sesto después, en funeral oficio, 825
himnos mil sobre el féretro derrama,
y hace que vivan en su precipicio
los amantes la vida de la fama.
Allí murió Cupido, que ya el vicio
le sustituye y su noticia infama, 830
donde tendrán, en merecido templo,
lástima el libre y el amante ejemplo.

Hablando el autor con sus escritos

Soneto

Ocios son de un afán que yo escribía
en ruda edad con destemplada avena;
arbitrio del amor, que a tal condena
a aquel que la templanza aborrecía.
Canté el dolor, llorando la alegría,　　5
y tan dulce tal vez canté mi pena
que todos la juzgaban por ajena,
pero bien sabe el alma que era mía.
Si de todos no fuereis celebradas,
voces de amor, mirad mi pensamiento:　　10
veréis que no mejor fortuna alcanza.
Ningún discreto os llame malogradas,
que, si os llevare solamente el viento,
allá os encontraréis con mi esperanza.

Hablando con el sepulcro de una dama

Soneto

Oh tú, que el polvo amado mudamente
prescribes, duro origen de mi llanto,
ya que la muerte te autoriza tanto,
cómo sabe mi aplauso, cómo siente,
cuenta a Lisi mi amor; ya no consiente　　5
desdén injusto su destino santo.
Pierda tu condición, oh mármol, cuanto
el desdén suyo tu dureza miente;
nuestras cenizas une, logre en esto
nuevo triunfo la muerte de la vida:　　10
final me admite efecto de sus ojos.

Si a tu silencio, solo por funesto,
el bulto se debió de mi homicida,
¿cuánto más te merecen mis despojos?

Apolo siguiendo a Dafne

Soneto

Al viento su esperanza y su porfía,
siguiendo Apolo a Dafne, encomendaba;
el miedo, con que el paso aceleraba,
su blanco pie de plumas guarnecía. De su madeja
   el oro reducía   5
el viento a rayos con que al Sol flechaba,
mientras amor, injusto, preparaba
la victoria mayor a quien huía;
cuando la ninfa exclama al padre undoso,
y, humanando un laurel, halla venganza   10
del Sol en el auxilio de Peneo.
«¡Ay! —dijo Apolo al árbol desdeñoso—,
¿por qué, si en ti fallece mi esperanza,
verde imagen te ofreces al deseo?»

Amante que vive de su mismo mal

Soneto

Crece el dolor y, en orden a su aumento,
el mismo mal me presta resistencia.
¿Quién hasta agora ha visto la paciencia
convertirse en especie de tormento?
La costumbre de un largo sentimiento   5
hizo ya natural lo que es violencia;
solo el mal me amenaza con su ausencia,
después que el mal me sirve de alimento.

    Ya desespero de esperar la muerte,
    supuesto que es un mal que dura poco   10
    (bien que en la vida me sostengo apenas).
    Cautela fue de amor contra mi suerte herir el
        pecho hasta dejarle loco
    porque después adore yo sus penas.

A Lisis que, cuando moza, fue rogada en vano y después le sucedía al contrario. Es imitación de Ausonio

Soneto

    Roguéte, oh Lisi, que tu edad florida
    gozases antes de esta edad helada;
    despreciaste mi aviso, y, entregada,
    te miro al daño tarde arrepentida.
    En la vejez, que llega no entendida,   5
    dos daños sientes: que en la edad pasada
    no gozaste beldad desengañada,
    ni gozas hoy la forma pretendida.
    Cuando el remedio fue posible, el daño
    ignoró tu ambición; agora ignoras   10
    remedio al daño tarde conocido.
    Mas, en memoria del pasado engaño,
    te miraré, gozando en estas horas,
    si lo que quiero, no, lo que he querido.

Amante que probó desamar en la ausencia y empeoró con el remedio

Soneto

    Como enfermo que anhela en lecho ardiente
    alcanzar con excesos mejoría,
    y su engaño no más, o su porfía,

le alivia, con que crece el accidente;
y como el ciervo, que la flecha siente,   5
huye en vano de sí la noche y día,
para ver si le dan lisonja fría
médicas ondas de templada fuente:
tal, esclavo de amor, herido el pecho,
buscaba yo reparo en el ausencia;   10
busqué la fuente contra el dardo esquivo.
Hizo después amor, a mi despecho,
lo que hace el exceso en la dolencia
y el señor con esclavo fugitivo.

En lengua española e italiana a la eternidad de su tormento

Soneto

Préstame amor sus alas, y tan alto
mi leva l'amoroso mío pensiero
que, cual Ícaro nuevo, al Sol espero
di Clori bella far novello assalto.
Pero después, de atrevimiento falto,   5
mi accorgo del ver (se amor si accorge del vero),
y en mar de llanto, fulminado, muero;
mancandomi l'ardir ond'io mi esalto. Así vivo
   del mismo precipicio,
nuovo Fenice nell' umana schiera,   10
e prima cangerò pelo che forte.
Seré de Clori eterno sacrificio;
triste de aquel que, si vivir espera,
gli fa visione al vivere la morte.

Amante tan acostumbrado a su mal que se halla bien con él

Soneto

Ya de puro dolor dolor no siento,
que es ya naturaleza mi cuidado,
y a los males estoy tan enseñado
que temo más la dicha que el tormento.
Sobra el desdén y basta el pensamiento   5
para acabar un pecho enamorado,
que el que aguarda a morir de desdeñado
piadoso tiene el propio sentimiento.
Muere y renace amor en unos ojos
más veces que su luz el Sol advierte,   10
ya viva en oro, en sombra ya teñida.
Mas, ¡ay, amor!, disculpo tus enojos;
que, si para vivir me das la muerte,
¡pregunto para qué has de darme vida!

Su amante a Finea, viéndola llorar

Soneto

Huye por minas de cristal y grana
en Finea diluvio sucesivo;
piedra que excluye el propio humor nativo
por quedarse más piedra, más tirana.
Helado pedernal, herido mana   5
vivas centellas que le fingen vivo.
Finea llora; miente el sensitivo
humor si acaso la trató de humana.
En tempestad de amor, amor ondea,
y en agua, en rayos, en suspiros ciego,   10
repite de una muerte mil ensayos.
De fuego son tus lágrimas, Finea.
En tempestad donde es el agua fuego,
la muerte es corto efecto de los rayos.

A Celia que, mirándose al espejo embebecidamente, quiso asir su aparente figura, y se le quebró

Soneto

Culpa, Celia, tu error y no tu daño;
única te formó naturaleza.
Pues dime, ¿por qué quiere tu belleza
darte segunda con tan nuevo engaño?
No se rompió el espejo, no, y extraño   5
que eche menos tu vista su entereza;
cristal era no más; agora empieza
a ser espejo desde el desengaño.
Tu retrato en retratos dividido
en una parte muere, en otra alcanza   10
a merecerte en más copioso empleo.
Aquí queda mi error más advertido,
pues cuando hieres más a mi esperanza
hidra inmortal renace mi deseo.

A Lisi desmayada por una sangría

Soneto

En vivas ondas de ofendida grana
desata a Lisi procurada herida.
Menos siente la púrpura perdida
que el tener experiencias ya de humana.
Quedó cual rosa que expiró temprana,   5
tarde avisada de desvanecida,
a quien el viento ejecutó en la vida
aun sin dejarla escarmentar de vana.
Pálido ofreces, Lisis, el semblante.
Nunca con más razón se tema el rayo   10
que cuando el cielo pálido se viere.

Contemple amor, por quien estás triunfante
en la fingida muerte de un desmayo. Viva, ¿qué
hará?, quien mata cuando muere.

Hablando con su dama ya difunta

Soneto

Cobróte el cielo en tu primer mañana,
humana flor, no muerta, interrumpida,
en fe de que viviste aquí ofendida
ese instante, no más, que fuiste humana.
¡Qué temprano quedó tu nieve en grana,   5
de las iras del viento sacudida!
¡Qué tarde a mi esperanza con tu vida
has enseñado a escarmentar de vana!
Si es que a la patria de la luz que pisas
ruego mortal de amante voz alcanza,   10
en mérito de amar lo que no veo;
si tu poder en tu piedad avisas:
pues sabe que moriste mi esperanza,
haz que sepa que faltas mi deseo.

A la crueldad de su dama, aludiendo a la de Anaxarte

Soneto

Del ya postrero sueño en que yacía
el solícito amante se burlaba
Anaxarte, mirando que robaba
la nieve su postrera rosa fría.
Ella, rebelde siempre, despedía,   5
no la dureza, mas el alma brava,
y al odio alcázar de alabastro daba,
que por blanda su carne aborrecía.

Vos no podréis ser ya, Lisi, más dura,
y, puesto que os aguarde algún castigo,   10
será de tomar forma en mi amor tierno.
Seréis más inmortal en mi fe pura,
pues a vuestra dureza yo me obligo,
que en el mármol odioso, aunque sea eterno.

Su amante a Celia que afectaba
        la blancura y el adorno

Soneto

¿Qué engaños, Celia, qué locuras mueve
un ciego error, y loco más que ciego,
si, cuando yo compito con el fuego,
estudias exceder la blanca nieve,
si el oro vago das al viento leve,   5
cuando a su error mi libertad entrego,
o apuestas con la vid lasciva luego
reduciéndole a tanto anillo breve?
Guárdate, no la víbora severa
de edad futura la de agora rompa,   10
antes que el fruto de tu abril ignores.
¿No te riyeras de la primavera,
si nos negase con inútil pompa
los frutos, por gozar siempre las flores?

Respuesta de su amante por Celia

Soneto

¿Qué importa al Mongibelo estar nevado
si en fuego oculto las entrañas arde?
Lo mismo que el amor tiene de alarde
halla de menos en lo venerado.

Más dura en la república del prado 5
la rosa que el cultor descubre tarde
que aquella a quien avisa que se guarde
la primera experiencia del atado.
No dura la belleza un solo instante
más que el deseo, y el deseo miente 10
al punto que pasó de la experiencia.
Así dice el recato vigilante,
que es desdicha morir como accidente
y necedad morir por diligencia.

En la muerte de una dama muy hermosa

   Soneto

Fénix divino que en mortal oriente
desvaneces en luz tu sepultura,
y heredada en sí misma tu hermosura
burla nuestro dolor y tu occidente.
La pompa funeral, el llanto miente, 5
pues no estaba tu ser en tu figura:
nada vive quien vive lo que dura,
ni ha menester morir un accidente.
Faltó tu imperio, amor, faltó tu nido
en Amarilis, y aun después porfías 10
a usar en los afectos tus crueldades.
¡Oh modo de matar jamás oído!
¡Viéndose ya el amor sin tiranías,
a matarnos empieza con piedades!

Pondérase el daño de los celos,
               aludiendo al fin de Hércules

   Soneto

¿De qué seno infernal, de cúyo seno,
fuego infame, te opones al glorioso?
De origen dulce, efecto venenoso,
yo mismo te idolatro y te condeno.
Solo es verdad en ti, de horrores lleno,   5
el martirio, el objeto mentiroso.
¿Qué mayores indicios de alevoso
que tener siempre equívoco el veneno?
Más que mucho, si Alcides arrogante,
Jove humano, adoptado de los cielos,   10
ya furioso por ti, ya flaco espira.
Excedió desdeñoso, cedió amante;
lo mortal solo confesó a los celos;
vivo le dio mortaja Deyanira.

Epigrama a Alejandro el Magno

Soneto

Crédito fue de la naturaleza
tu Oriente, pues de ti su pompa fía;
tu muerte providencia, que temía
sus dones apurar en tu largueza.
Lauro más inmortal de tu cabeza   5
logra tu Fama que tu Monarquía:
aquésta feneció tu fatal día,
aquélla, siempre a coronarte empieza.
Grande excepción te opones al olvido,
honor de Macedonia, que adquiriste   10
con cuanto abraza un mundo solo un nombre.
Por darte a ti, moriste agradecido
a los dioses; envidia suya fuiste,
que entonces creyó Roma que eras hombre.

A un soldado de quien se refiere que, matándole en un hecho de armas, se quedó un rato en pie después de muerto

Soneto

Tu obstinado cadáver nos advierte
que hay vida muerta, pero no vencida,
pues solo en tu valor, solo en tu vida
algo miró después de sí la muerte.
Fuerte es la Parca, pero tú más fuerte;   5
no se debió a su golpe tu caída;
tú contra ti la ayudas ya rendida,
que ¿quién pudiera, sino tú, vencerte?
Tú dividiste el trance indivisible
de morir y postrarte, tan altivo   10
que en el daño común no hallas ejemplo.
¿Cuánto más que inmortal y que invencible
contemplaré que fuiste cuando vivo,
si el cadáver intrépido contemplo?

Al mismo asunto

Soneto

Hasta que mueres tú, joven valiente,
el morir y el rendirse fue una cosa;
ya dos serán, pues muere y no reposa
ese primer cadáver y viviente.
Tan solo tú, después de tu occidente,   5
dejas la Parca atenta y oficiosa
tan suspensa que ignora, temerosa,
si ella o tú padecéis el accidente.
¿A quién (pregunto yo) más que La vida
duró el valor? ¿Quién mereció difunto?   10
¿O fue envidiado cuando polvo incierto?

¡Oh prevención del hado nunca oída,
pues te reserva con tan nuevo asunto
ser inmortal para después de muerto!

Al conde de Linares en la acción valerosa de matar un león en Tánger

Soneto

Hoy, Noroña, el sangriento rey de fieras
confunde su rüina con su gloria.
No te costara el golpe la victoria,
si el amago del golpe dividieras.
Premio al deseo no capaz esperas,   5
hoy renovando de Hércules la historia.
¿Cuál será del triunfante la memoria
si del trofeo se honran las esferas?
Fija la piel del bruto en la del cielo,
sustituirá tu gloria en nueva vida;   10
deba el Olimpo nuevo signo a España.
No acaso, pues, renace a tanto vuelo
que, a no ser a los cielos conducida,
no cupiera en el mundo tal hazaña.

Moralizando la naturaleza y efectos del rayo

Soneto

Felice yo, si de mis años tiemplo
lo rápido en aqueste precipicio.
Templo fue aquél ayer, hoy es su indicio.
¿Adónde huyo, si padece el templo?
Justo, aunque adverso, Jove, te contemplo,   5
si el aviso anticipas al suplicio,
y, vengativo menos que propicio,

si lo que atiendo en ti logro de ejemplo.
Mas, oh padre del cielo, en cuanto yace
sublime a tu poder grande y prescrito, 10
por criador te arguye tu aspereza.
¿Delinque a caso lo que excelso nace?
¿Es delito el ser más?, y si es delito,
fulmina Jove a la naturaleza.

En honor de don Juan de Jáuregui, Caballerizo de la reina nuestra Señora, insigne poeta y raro pintor

Soneto

Detén, Jáuregui docto, el curso altivo
de tu pincel que eternidad reparte
cuando naturaleza, cuando el arte cede
al lino espirante, al metal vivo.
Tus milagros simétricos no escribo, 5
porque sabrá el menor eternizarte,
ni te describo en más heroica parte
donde usurpas al Sol su lauro esquivo.
Los números suspende, o los colores,
pues describe el pincel, pinta la pluma, 10
y cualquiera imposibles nos derrama.
No estorben tus aplausos tus primores,
que acumular de asombros tanta suma
es imposible cargo de una fama.

Al marqués de Belmar, don Gaspar de la Cueva, en la muerte de su hermano

Soneto

¿Quién es, Gaspar ilustre, el que fallece:
tú en tu dolor o tu fatal hermano?

él no murió, porque con bulto vano
tu pálida memoria nos le ofrece:
tú no, porque en tu oriente resplandece   5
la luz de un Sol que anocheció temprano.
¡Oh, cuánto miente lo que dura humano,
pues del achaque de nacer fenece!
Dichoso aquel que a cuenta de su fama
(no de sus años) vive, y se aconseja   10
en que a ser inmortales respiramos.
¡Oh envidia (bien que lástima se llama),
llorar al que nos falta, porque deja
de ser lo mismo porque le lloramos!

A un velón que era juntamente reloj, moralizando su forma

Soneto

Esta partida imagen de la vida,
reloj luciente o lumbre numerosa,
que la describe fácil como rosa
de un soplo, de un sosiego interrumpida;
esta llama que, al Sol desvanecida,   5
más que llama parece mariposa;
esta esfera fatal que, rigurosa,
cada momento suyo es homicida:
es, Fabio, un doble ejemplo. No te estorbes
al desengañío de tu frágil suerte: 10
términos tiene el tiempo y la hermosura.
El concertado impulso de los orbes
es un reloj de Sol, y al Sol advierte
que también es mortal lo que más dura.

Hablando el autor con un retrato suyo que acabó con todo acierto el padre fray Agustín Leonardo, religioso de la Merced

Soneto

    Habla, bulto animado, no tu esquivo
silencio a tu moderno padre ofenda;
déjame hablar a mí porque se entienda
cuál el pintado es o cuál el vivo.
Tú no sientes, ni yo, puesto que vivo   5
de dar a mi dolor la infausta rienda.
Tú callas, yo también, aunque me encienda
un ardor en que muero y me concibo.
Nada tu bulto de mi bulto ignora;
firme semblante ofreces, y no acaso,   10
porque retratas mi contraria suerte.
¡Oh arbitrio del amor, formar agora
otro yo que padezca lo que paso
por negarme el alivio de la muerte!

Al asunto de agradecer a una señora de España un reloj de muestra pequeño, pendiente de una cadena de oro, que envió desde Hungría a un personaje eclesiástico y erudito muy afecto a su casa

Soneto

    Ese reloj que mano soberana
(dádiva siendo) le selló de indicio,
y, haciendo más de ley el beneficio
el estruendo excusó de la campana;
esa cadena que, en labor no vana,   5
suspende al tiempo su volante oficio,
reduciéndole a eterno sacrificio

(debida pompa a quien pasó de humana):
del Sol de Leonor ingeniosa,
que se difunde a España desde Hungría,   10
es grande honor en átomo lucido,
que una vida, no más, os prevenía,
corta, Fabio, a merced tan ponderosa,
y os da el tiempo en que ser agradecido.

Don Antonio Hurtado de Mendoza, Caballero de la Orden de Calatrava, etc., pidió al autor, en ocasión, escribiese algo a los excesivos calores de este verano de 37 y a sus mortales efectos en España; a cuyo asunto escribió éste

Soneto

Mendoza prodigioso, a quien la fama
jamás es mucha, bien que en todo es toda,
a cuya estirpe sabia sea o goda
ciñe equívoco el Sol su virgen rama,
¿cómo arde tanto el Sol? ¿Alumbra o ama?,   5
que aun el propio morir desacomoda.
Si todo el árbol de la vida poda,
¿qué beneficia su segur de llama?
Tanto número espira de mortales
que, muerto, el mismo número contemplo.   10
Todo el suelo es sepulcro, ya no abrigo.
¿Son castigos, mi Dios, o son señales?
Si señales, dejad para el ejemplo
vidas, que mueren todas del castigo.

Al túmulo del doctor Nicolás Bocángel, mi señor y padre, Médico de Cámara de su Majestad y de la Serenísima Infanta Margarita, y, antes, de la Augustísima Emperatriz

Epitafio
Huésped, no yace aquí, falta severo
aquel que, con doctísima experiencia,
al mismo Apolo que le dio la ciencia
solo en tiempo le deja ser primero.
Porque durase de la muerte el fuero,   5
incompatible ya con su presencia,
faltó, ni se cumpliera la sentencia
a no estar él de parte de su acero.
No en humana salud, que al tiempo miente,
en vida sí, que el tiempo no acabase,   10
pudo parar su idea esclarecida.
Lloremos, pues, de envidia en su occidente,
que primero labró, que nos faltase a todos la salud
y a sí la vida.

Elegía en la muerte de don Francisco de Ribera, marqués de Malpica, mayordomo mayor del Serenísimo Infante cardenal, mi señor, etc.

A don Baltasar de Ribera, marqués
de Malpica, etc., su hijo
Agora, oh gran marqués, que en alta parte
héroe inmortal de Cristo te destinas,
y nos llevaste a todos con llevarte;
agora que en las plumas cristalinas
del viento asciendes, y del orbe el peso   5
sobre los orbes de zafir declinas;
agora que por fúnebre suceso
faltas, no yaces, hablaré contigo,
si lo dispensa mi doliente exceso.
Tú, excelso Baltasar, como testigo,   10

como heredero al fin, de tanto valor,
si en tu ribera estoy, llora conmigo.
No la parte que toca al varón santo,
la parte que nos toca, bañaremos
vuestra ribera ilustre con el llanto.   15
Sentir su cierta gloria son extremos
de nuestra humanidad; sentir su falta
también, cuando presente le tenemos.
Su intento fue subir donde le exalta
el cielo; vida fue perder la vida.   20
No muere al mundo el justo, solo falta.
No vive más quien dura más crecida
edad, porque del hombre infructuoso
cada momento es tácito homicida.
Mas el que vive bien goza dichoso   25
aun de lo que ha vivido, y de esta suerte
aún vive lo pasado el virtuoso.
Temprano muere el malo, aunque despierte
su engaño tardo ocaso, mas el sabio
tiene en cualquiera edad madura muerte.   30
Enmudezca a la queja, pues, el labio,
porque, siendo el morir naturaleza,
no puede ser naturaleza agravio.
No es violencia morir, en la flaqueza
consiste del humano sentimiento;   35
a ser vivo otra vez quien muere empieza.
Ya vimos un arroyo en el violento
éxtasis de un invierno, congelado;
no a la vida difunto, al movimiento,
porque en lo interior apresurado   40
huye por minas de cristal medroso
segundas alas de temor calzado.
Tal, el peso depuesto ponderoso,

huyó aquel alma de su cárcel fría,
siendo el morir preludio mentiroso.   45
¡Oh, burle a nuestro llanto tu alegría,
Ribera grande, donde en solio grave
a eternidades se vincula el día!
Tú templaste el poder en lo suave;
breve fue a tu valor este hemisferio,   50
que donde vives solamente cabe.
Sobre tus hombros, ¿cuándo el polo hesperio
tembló? Del polo hesperio sí temblaron
las fieras haces del infiel imperio.
A cuantos ascendientes te ilustraron,   55
¡oh, cuánto deberá nuestra memoria,
si a sus hechos los números faltaron!
Humano espejo fuiste en quien su historia
sabia o bélica vimos trasladada,
y tú de ti añadiste la victoria.   60
No siempre a Marte, no, el acero agrada;
más la prudencia esgrime que el acero,
y más corta el consejo que la espada.
Y tú, Fernando, de este clima ibero
columna roja, que te ignoro, Infante,   65
si fue el nacer o el merecer primero.
Sientan tus hombros el perdido Atlante,
mas no le sientan, pues dilata al cielo
los suyos de fielísimo diamante.
¿Por qué imprimes, Fernando, el desconsuelo 70
en el semblante grato, en el augusto?
¿Era la patria del marqués el suelo?
¿No sabes que el vivir, donde el disgusto
es de nuestro vivir naturaleza,
es una injuria natural del justo?   75
Que al fin es peso la mayor grandeza,

sucesiva del mundo la mudanza,
y ¿solo en ser peor tiene firmeza?
Donde el mérito no, la dicha alcanza,
y lo que alcanza no es quietud alguna, 80
es género distinto de esperanza.
La fortuna mejor, al fin fortuna,
y la próspera más, la más estable,
se mira en el espejo de la Luna.
Dínoslo, Roma, tú, tan memorable 85
en el poder que solo competiste
con tu misma rüina en lo admirable.
Dilo, Memoria, en tanto ocaso triste
de reyes ascendientes que eternizas,
pues de Parca mayor los redimiste. 90
Dilo, Parca, que tanto te autorizas
en el mayor imperio, consistiendo
no más tu imperio todo que en cenizas.
Cese, pues, el dolor que va siguiendo
con suspiros volantes a su asunto, 95
y vamos hacia el Tajo discurriendo.
Hermosas ninfas, no lloréis difunto
a quien vive mejor, pues al trabajo
solo murió, y a nuestros ojos junto.
En ronca lira y en acento bajo 100
las oigo convocar a sus pastores,
y el llanto excede la ribera Tajo.
Allí componen de ciprés y flores
un monumento, y en sonancia fiera
suenan así los nervios gemidores. 105
Vosotros, los del Tajo, en su ribera
lloraréis a Francisco cada día;
solo este alivio queda de que muera,
que todos, cuando no la Musa mía,

en su ribera haréis que, eternizado, 110
vuelva a vivir a la memoria pía.
Mas ya siento el albogue destemplado,
bien que, en tanto desorden, más decente
le fuera resonar desconcertado.
Tú, heroico Baltasar, que a nuevo oriente, 115
las paternas cenizas animando,
no le permites más que el bulto ausente,
válete del feliz ingenio, cuando,
del dolor el discurso ya vencido,
reine el dolor como enemigo blando,   120
y tú salve, marqués esclarecido.

Epístola al licenciado don Francisco de Paz y Balboa, del Consejo de su Majestad en la Vicaría del Reino de Nápoles, y Consultor del Santo Oficio

Agora de mi afecto arrebatado,
Francisco docto, en lírico instrumento
cómplice oyente os busca mi cuidado.
Y porque suele el afectado acento
viciar la fe, que a la verdad nos guía,   5
oíd, no lo que escribo, lo que siento.
Pues más el ave en libre melodía
agrada que en la gavia más preciosa,
que limita el asunto a su armonía.
Más retóricamente numerosa   10
discurre en lengua natural la fuente
que en cítaras de piedra artificiosa.
Sopla el rústico labio dulcemente
el rudo albogue, y burla de la lira
que adquiere en la fatiga lo elocuente.   15
Sigo, pues, el dictamen que me inspira

a que os exponga un rato mi juicio,
porque arbitréis si acierta o si delira;
ensayo leve al destinado oficio,
en que os verá Parténope lograda   20
por eterno en su mismo precipicio.
El genio por deidad arrebatada
a Marte nos conduce o a Minerva,
y de éstos el mejor es el que agrada.
Uno inquiere los astros, otro observa,   25
preso en líneas, del orbe la distancia;
éste inquiere el metal, aquél la hierba.
Odia el cauto estadista la elegancia,
y el orador, inútil elocuente,
llama furor divino la arrogancia.   30
En círculos de esgrima diligente
otro estatuye leyes al coraje,
como si fuera maña el ser valiente.
El músico, del viento blando ultraje,
admiración y risa nos ofrece,   35
afeando la acción con el visaje.
Al que mató Galeno se le ofrece
un notómico atento y consultivo,
que aún fruto del que ya expiró apetece.
Oh cuán falible es, oh cuán esquivo   40
es tu saber mortal presuntuoso!,
pues da preceptos un difunto a un vivo.
¿Por qué altera tu estudio su reposo?
Ninguno nace al otro semejante,
cualquiera se difiere misterioso.   45
Mas, ¿dónde vas, oh barco naufragante,
del arbitrio del Bóreas tan creído,
padre de ruinas, cuando sopla errante?
Vos, insigne Balboa, si torcido

veis mi timón del norte que procuro,   *50*
coged las velas contra el viento infido,
que en vuestra protección iré seguro
por donde el mar, severo más, más fiero,
zozobra al muy atento Palinuro.
Replico el tema, y digo que al primero   *55*
oriente, pobre de incapaz discurso,
me entregaron a Bártulo severo;
y, sin obstarme el paternal incurso
(que el hado ni se elige ni se excusa),
un Quinto Curcio fue mi quinto curso.   *60*
Imperio sacro de divina musa
me absuelve de un afán ocioso y grato,
cuando plebeyo el interés me acusa.
Otro especule vicios al contrato,
y añada leyes a la ley su folio   *65*
con tardo estudio, con progreso ingrato.
Descienda o suba Ticio al Capitolio;
abogue o calme Bártulo, engañado
en la esperanza del tribuno solio.
Interrúmpale el sueño atormentado,   *70*
pálido el reo y el actor inquieto,
primero pobre que desengañado.
Alábese el jurista más perfeto,
que yo sé que la ley más bien nacida
llama al arbitrio padre de su efeto.   *75*
Gime tal vez la ley, gime oprimida,
porque parcial el interés la ofende,
tal vez en el honor, tal en la vida.
Todos a lo sutil, alguno atiende
a lo claro, y en ciego barbarismo   *80*
se dificulta lo que más se entiende.
Vacila en uno y otro parasismo

con el más erudito la justicia,
abogado el mejor para sí mismo.
No vio la antigüedad aguja egipcia 85
de más ambiguo idioma, de más duro,
que hace a la ley más clara la codicia.
Mas no digamos más, que no procuro
preciarme en esta parte de poeta,
no siendo de los que hablan muy oscuro. 90
Basta que en su República perfeta
nos destierre Platón, basta que Roma
censores nos señale como a seta.
Bien que pluma de cándida paloma
escribe mi verdad, volando ruda, 95
pues al caso el afecto limpio asoma.
Con esto quede absuelta vuestra duda,
y yo no tan rebelde a fiel consejo
que a lograrle obediente no me acuda.
Pues como queda a cristalino espejo 100
mejorado el que atento se retrata,
y en enmiendas se luce lo perplejo,
así mi error a vuestra enmienda grata
en prontitudes quedará dispuesto,
más que la cera al Sol cuando la trata. 105
Y porque en ésta os debo ser molesto,
os difiero contar en otra mía
de mi estudio el dictamen, que es honesto.
No digo deleitable, que podía
cansar a quien leyese mis tercetos, 110
que pasan ya de Carta y Elegía.
Y más, porque les faltan los concetos,
alma de los escritos sensitiva,
y más para con hombres tan discretos.
De mi intento no más, para que viva 115

algún deseo en vos de ver mi intento;
vuestra curiosidad me le reciba
después, si le extrañáis con el talento.

Égloga amorosa, en que se introducen los siguientes
Diana, de más edad que moza
Lauro, compañero de Celio
Sirena, amada de Celio
Un sacerdote
Celio, amante de Sirena
Un sátiro

Diana: Flor es la juventud, Sirena amada,
y flor que solo de acabarse vive,
antes difunta que desengañada;
flor que, muerta una vez, jamás revive.
Fórmala un soplo y otro la fenece, 5
y sus hojas de lástimas escribe.
Todo se precipita cuanto crece;
a su fin toda vida se apresura,
porque solo descansa si fallece.
Flor es, ¡oh cuánto es flor esa hermosura!, 10
la más durable, efímera del prado,
que un accidente finge lo que dura.
Gózala, pues, primero que el arado
del tiempo escriba en tu nevada frente
el pesar de mi aviso malogrado. 15
Moza fui yo también, y de luciente
beldad y de hermosura pretendida,
de pecho casto y corazón valiente.
Esta ceniza ya desvanecida
llama fue del amor donde el amante 20
aguardó de mi arbitrio muerte y vida;

muerte y vida le daba en un instante,
porque el cuitado nunca vio mi gusto,
a la razón en nada semejante.
Cetro empuñé tirano, cetro injusto,　　25
hasta que amor postró mi monarquía,
que opuesto a un dios no hay corazón robusto.
Vencióme (y ¿qué no vence?) la porfía,
pero gustaba yo del vencimiento
tanto que preguntarás quién vencía.　　30
También seguí las fieras, y sangriento
dejé el altar de la triforme diosa,
con tibia sangre del corcillo exento.
Mi puerta coronó su frente añosa,
y el amante mi puerta coronaba　　35
de fruta nueva y matutina rosa.
¡Oh Sirena, qué entonces me engañaba!
Malogré mi beldad, hasta que al ciego
dios de las almas le presté mi aljaba.
Vieras entonces en lascivo juego　　40
abrasarse dos almas, mi Sirena,
faltar las vidas y durar el fuego;
llorar de envidia, no la propia pena,
la ajena sí, porque era tan amable
que solo se lloraba por ajena.　　45
No es beldad la beldad que es intratable;
es fábula del tiempo la doncella
que, más que hermosa, quiere ser notable.
Sirena: Diana, ¿viste tú la rosa bella,
bella entre muros de nativa espina,　　50
y con rayos de nácar blanda estrella;
requebrada del alba matutina,
respetada del Sol, que, bella y sola,
ni fiera ni pastor se le avecina?

Solo el viento sus nácares tremola,   55
y aun pienso que de púrpura se baña,
porque el viento tan solo la viola.
Mas esta misma flor, si por extraña
impiedad del arado, si por suerte,
su pompa mano aleve desengaña,   60
dibujo se hace infausto de la muerte,
muerte alevosa, muerte al fin cobarde,
pues a una rosa de vivir divierte.
Si florida beldad de amores arde,
es de muerte el ardor; mata primero   65
y luego avisa, ¡ve si avisa tarde!
Tal es la bella ninfa, a lisonjero
amante expuesta, que perdió temprano
materna planta y corazón sincero.
Si es la hermosura flor, el viento ufano   70
la goce; muera de accidente antes
que muera al golpe de grosera mano.
Amantes quiero, no rendirme a amantes,
Esperaré sus quejas sin oídos,
preciadas, no de tiernas, de elegantes.   75
Sirena soy, bien saben mis sentidos
en las guerras de amor, sien ellas trato,
herir los otros sin quedar heridos.
Así no lloraré mentido trato,
ni pasaré los años de una ausencia   80
en si tarda el amante por ingrato.
Todos lloran de amor porque es violencia.
Diana: De gusto lloran.
Sirena: ¿Y de qué suspiran?
Diana: Del bien que les redunda.
Sirena: De impaciencia.
Mas di, los que aman bien, ¿a cuánto aspiran?

Diana: A ser amados. 85
Sirena:
¿Y después de amados?
Diana: Después, al fruto de su pena miran.
Sirena: Y después de gozar, ¿de qué cuidados
vestirás al amante?
Diana: De un recelo
de no perder los gustos alcanzados. 90
Sirena: Ese es miedo, no amor.
Diana: Es un desvelo
que de esas dos pasiones se compone.
Sirena: Jamás ha visto tal amante el suelo.
Diana: Yo sé quién tus desdenes antepone
a su vida.
Sirena: ¿Quién es? Dilo, Diana 95
que a nadie el ser querida descompone.
Diana: ¿No conoces a Celio?
Sirena: La mañana
futura nos veremos; queda agora
en paz.
Diana: Ha, ninfa presumida y vana,
triste de aquel que por favores llora. 100
Celio y Lauro pasan cantando
Celio: Dichoso pastorcillo que en el prado
vestido de ocio rudo
no le cuentas los siglos a un cuidado,
armado al dios desnudo,
sin que a tus verdes años 105
enseñe la experiencia desengaños.
Aprendan de tu acento
a cantar libertad las peñas frías,
mientras al Sol le cuento
sus rayos todos con las penas mías, 110

y aún temo más desmayos
contando penas que contando rayos.
Lauro: Triste de aquel cautivo
a quien sujeta, no contraria suerte,
sino un semblante esquivo,   115
árbitro de su vida y de su muerte.
Triste de aquel amante
que aguarda vida de un mortal semblante.
Diana: Desdichado pastor, pastor dichoso,
pues ama Celio y Lauro vive exento,   120
¿dónde cantando vais por este valle?
Celio: A ver si el caluroso
estío tiempla las hirvientes horas
entre la verde juncia y madreselva.
Tú, ofrecida a nosotros, nos mejoras   125
el vago asunto de buscar el viento.
Dime de aquella por quien vivo y muero,
y ni muerte ni vida de ella espero.
Ya que del Sol que adoro
se me esconde la luz que solicito,   130
pues tanto de sus rayos comunicas,
dulce y sabia Diana, de ti sabré lo que del Sol
   ignoro,
sabia de amor y dulce consejera,
a quien debe el amor que amor no muera. 135
Lauro: ¿Qué vida y muerte? ¿Es vida diferente
ésta de los amantes
de las que acaba un golpe solamente?,
que mueren, Celio, todos los instantes.
Celio: Muere, Lauro, quien ama,   140
mas con martirio lento,
o la muerte en amor vive de asiento,
vive creyendo que la misma llama

a su objeto le inflama.
Muere porque lo duda   145
o porque lleva su esperanza el viento.
Alma grosera y ruda
no es capaz de esta gloria,
que solo le es notoria
tan delicada ciencia   150
a la misma experiencia.
Lauro: Al fin, ¿amor se empieza por la muerte?
Celio: Conforme te miraren, Lauro amigo.
Lauro: Y si miente el mirar, ¿de qué testigo
sabré cuál es mi suerte?   155
Celio: Al buen amante bástale el engaño.
Lauro: ¿Luego no hay mal estado si se igualan
el bien y el mal?, ni aun los distingue el modo,
o no puede haber bien si es uno todo.
Celio: En esto se difieren,   160
que el bien hiere con gusto,
pero el mal con veneno.
Al uno le obedezco como a justo;
al otro le obedezco y le condeno
como esclavo de amor, aunque rendido,   165
tal vez como en prisión, tal como en nido.
Diana: Cese ya la contienda,
porque no es de pastores
la esencia disputar de los amores,
y da bastardo indicio,   170
Celio, de tanto amor, tanto artificio.
Sigamos esta senda
de que se apartan árboles iguales
en orden sucesivo,
y en orden todos al retrato vivo   175
de la sagrada Pales,

que si no le fiasen las raíces
de antiguo tronco, pienso que pudiera
mover el bulto relevado y grave;
y más al docto artífice autorices,   180
en que estando tan vivo esté sin alma,
que si tuviera voz, alma y acento.
Celio: Harto mejor lo pintas tú que Isbelo
lo relevó; mas, porque yace en calma
el viento mudo en bóvedas de frío,   185
y hasta las aguas tienen sed ardiente
y hurtemos al imperio del estío
algunas horas.
Lauro: Vamos, mi Diana.
Diana: Seguidme al valle de la amarga fuente.
Aquí sale Sirena de cazadora
Sirena: ¡Oh, cuánto más me agrada   190
el ave libre que el cautivo amante,
y un arco en quien ignoro por ligero
si es en herir o en disparar primero,
o por la mies dorada
mirar correr el can, y tan volante   195
que, excediendo a los vientos su fatiga,
las aristas no quiebra de la espiga!
Mas, ¡ay, Celio constante!
Celio: ¿Qué es esto, cielos? ¡A Sirena escucho!
Fábula de mis ojos es aquésta,   200
agora sí que abrasará la fiesta.
Mas, ¿de dónde vendrá?
Diana: No será mucho
que venga de seguir a quien la huye.
Celio: Mejor dirás de huir a quien la sigue.
Diana: Si la huyeras, oh Celio, te siguiera. 205
Celio: ¿Cómo huirá quien la lleva?

Sirena: Cansada estoy, ¡oh cielos!; quién me
   diese
algún zagal que me sustituyese
en este afán perdido.
Celio: Yo me quiero ocultar, por si descubre 210
Diana a tu amistad lo que me niega.
Mas jura por Diana, ¡oh fiel Diana!,
que no revelarás que estoy oculto.
Diana: Por Diana te juro de callarlo.
Celio: Aunque importe la vida.   215
Diana: Aunque la vida importe.
Tú, Lauro, como acaso,
al oficio cortés de aquella ninfa
al momento te ofrece.
Lauro: Jamás fueron dos tiempos   220
obedecerte yo, si me mandases.
¿Quién ataja el aprisco? No se esconda,
porque le busca un rayo de mi honda.
¡Oh ejemplo de beldad, alma del día,
Cupido sin amor, dulce Sirena!   225
Solo sabe alabarte quien te nombra.
Absuélvante los cielos de mi pena
por verte fatigada; la alegría
me has templado de verte.
Sirena: Sábete que divierte   230
mucho más que la sombra el ejercicio.
Lauro: Siempre el exceso es vicio.
Sirena: No es exceso acabar lo comenzado.
Lauro: Siendo según razón lo que se empieza.
Sirena: ¿Pues es contra razón seguir un gamo?
   235
Lauro: Por ser sin tiempo, sin razón lo llamo.

Sirena: él fue quien se ofreció sin tiempo al
dardo
y quien huyó también.
Lauro: Naturaleza
le enseñó su defensa,
y el arte riguroso a ti su ofensa.   240
Mas, dime, ya que ingenio tan gallardo
esmalta tu beldad, ¿sigue quien hiere?
Sirena: Según la caza fuere.
Lauro: ¿Agora con cautelas me respondes?
Sirena: Tú la pregunta en la pregunta escondes.
245
Lauro: Lo que se hiere, ¿dicen que se sigue?,
porque el segundo lance
del tiro pienso yo que es el alcance.
Sirena: Es verdad, pero déjame que vaya.
Lauro: ¿Hacia dónde fue el corzo?
Sirena: Al val del haya.   250
Lauro: Yo seguiré tu gamo, mas, di agora,
¿cómo Celio, de ti preso y herido,
no es de tu amor seguido?
Sirena: Yo jamás le tiré.
Lauro: Sí tu hermosura.
Sirena: Pues supongo que hieren   255
mis ojos, ¿deberéme a cuantos mueren?
Tú eres su amigo más que él es mi amante,
y ya me cansas tanto como Celio
hablando de él. Yo no le quiero en suma.
Aquesto es natural, y así no puede   260
ser mal hecho lo que es naturaleza.
Si es la hermosura Sol, amor es pluma;
huya del Sol, ¿es culpa mi belleza?
él se guarde del Sol como me guardo.

Tú, si me quieres bien, toma este dardo   265
y busca mi gamillo.
Lauro: Con tus ojos
le mataré mejor, quedando libre,
aunque a los cielos las saetas vibre.
Sirena: Aquí de Marte pendan los despojos,
mas allí, si la vista no me engaña,   270
pastora anciana por antiguo pelo
los pies calientes en las ondas baña.
Diana: ¡Oh, cuánto debo al cielo,
bellísima Sirena, pues le debo
ver lo que más estimo!   275
Siéntate aquí, te serviré de arrimo.
Sirena: Espérate, Diana,
que entre uno y otro ramo
miro el perdido gamo.
Diana: Tente, ninfa inhumana.   280
Sirena: ¿Por qué inhumana?
Diana: Porque rigurosa
todo lo hieres.
Sirena: Es tu edad piadosa.
Tiraréle el venablo, a qué buen punto:
inmoble está, mas ¿si estará difunto?
Diana: ¡Oh ley del juramento, qué triunfante 285
quedarás, ninfa vana, de ese tiro!
¿Cuánto más es matar con un suspiro?
Sirena: Aquesta vez será con un venablo.
Diana: ¡Ha, tente, ninfa ingrata,
más que la fiera que a su madre mata!   290
Celio: De Sirena es la herida.
¿Cúya ha de ser si me quitó la vida?
¿Cúyo tal hecho, sino de una fiera?
No dirás que la presa no te espera.

Sirena: ¿Qué miro, cielo santo? 295
Celio: El tiro más piadoso reconoces,
mi bien; recibe las postreras voces.
Sirena: ¡Oh tarde amado, Celio!
Celio: Pues que vivo,
no soy amado tarde.
Sirena: ¿Dónde te herí?
Celio: Doquiera que tocares. 300
Sirena: Por la herida pregunto.
Celio: Duele y arde.
Sirena: Consuélame, Diana,
que el golpe de piedad es más esquivo
al mismo que le dio, si está inocente.
Diana: ¿No te dije, Sirena, tente, tente? 305
Sirena: ¿Y tenía más letras, Celio, Celio?
Diana: Celio me hizo jurar que callaría.
Sirena: Antes que fuese herido me oyó Celio.
Celio: Primero me mataste que te oyese.
Sirena: Yo pensé que tiraba a un quieto gamo.
  310
Diana: Comoquiera que fue, Celio está herido.
Sirena: Nunca al suceso se obligó la mano.
Diana: Siempre el discurso es padre del efecto.
Sirena: Como el efecto penda del discurso.
Diana: El saber contra el hado prevalece. 315
Sirena: Pues, ¿cuándo se dejó espiar el hado?
Diana: Nada sucede sin que de algo penda.
Sirena: Solo al cielo ese origen no se esconde.
Diana: Ninguno erró jamás sin albedrío.
Sirena: Sí, pero el albedrío es ignorancia. 320
Diana: No es ignorancia sola la que es culpa.
Sirena: Ni culpa alguna de inocencia nace.
Diana: El que puede saber por culpa ignora.

Celio: Segunda vez me hiere tu porfía,
Diana. Tú, Sirena, créeme agora 325
(siquiera porque muero)
un casto amor, supuesto que no espero,
sino inútil piedad, piedad sin fruto,
que es género también de tiranía.
Lauro: ¡Oh, santos dioses! ¿Cómo, Celio herido,
 330
y Sirena con Celio el amoroso?
Sirena: Yo soy, Lauro, la herida, que la flecha
allí se mira, pero aquí se siente.
A Celio por error hirió mi brazo.
Lauro: Presumo que quisiste 335
triunfar del cuerpo así como del alma:
bien el arpón conozco de tu aljaba.
Toma, ninfa, tu gamo,
y a tu desdén, que es tu deidad tan sola,
dos géneros de víctimas consagra. 340
Sirena: Antes, por la salud de Celio a Apolo,
consagraré la fiera,
y en humo, digerido el sacrificio,
será de mi dolor debido oficio.
Celio: Sobre el hombro de Lauro 345
caminar me prometo,
y al dios de la salud llegar me obligo,
seguro sobre el hombro de un amigo.
Diana: Diviértenos, oh Lauro, del viaje,
cantando amores o fingiendo amores. 350
Lauro: Todo es uno, Diana.
Diana: No del caso
refieras lo siniestro,
que, le tendrán por nuevo los oídos.
Celio: A levantarme pruebo de la arena.

Sirena: Mueve templado el paso.   355
Celio: Es tu cuidado grande medicina.
Sirena: Según eso, ya debes estar bueno.
Lauro: Canto en honor de nuestro prado ameno.
Acuérdome que fui por este prado
de libertad ociosa tan contento   360
que me envidiaba el vulgo del arado.
Miraba retozar el corzo, exento,
y miraba también como rizaba
el pámpano la vid con el sarmiento.
Con más dorados pomos engañaba   365
el árbol verde al tiempo fugitivo
que a la planta Hipómenes que volaba.
Sobre el oro difunto el nácar vivo
mostraban las manzanas palpitando,
ya dibujadas de pincel nativo.   370
De abejuelas un coro vivo, hilando
en sus ruecas de cera rayos de oro,
guardaba su labor amenazando.
Por el cañón puntado, su tesoro
a cuajar desangraba el clavel tirio,   375
hablando con olores más que el coro.
De terciopelo azul vestido el lirio,
que entre puñales verdes se conserva,
y le da su color mayor martirio.
El níspero montés, el agria serba,   380
que el árbol, intratables, los derriba,
y los sazona la dorada hierba.
Allí, de nieve castamente viva,
con letras de oro escribe la azucena
la nariz que pecó de sensitiva.   385
Y la rosa de Venus da más pena
que de puntas se armó en Alejandría,

hermosa sí, mas por virtud ajena.
Tras esto se me acuerda que aquí un día
fácil viento buscaba el dueño mío, 390
cuando en oro fingido el mundo ardía.
Entre caliente nieve y nácar frío
se señalaron dos breves corales
en defender de néctar un rocío.
Sus dientes digo, cándidos e iguales, 395
que, susurrando, hurtaba de su boca
abeja amor dulcísimos panales.
Y Alcides bello, de cristal de roca
que sostiene dos soles, era un cuello
de mucha fuerza y de materia poca. 400
Y ciertamente incierto su cabello
de cometas de amor poblaba el viento,
y de envidias al Sol, que es menos bello.
SÁtiro: Oh espectáculo fiero, ¿qué sangriento
horror del bosque el bosque me presenta? 405
Guarda del bosque soy, y ¿tal consiento?
¿Cómo que a Pales se hace tal afrenta?
¡Oh insolente pastor, que vas cantando
después de delinquir con voz exenta!
Lauro: El sátiro se acerca voceando, 410
y con rostro feroz nos amenaza.
él nos acusará.
SÁtiro: ¿Venís triunfando?
Celio: Sí, triunfantes venimos de la caza.
SÁtiro: Ese gamo es de Pales, y ninguno
sus selvas con violencia embaraza. 415
Y a la diosa será más importuno
con sangre humana de un pastor herido
verle regado. Y ¿quién te ha herido?
Celio: Alguno.

SÁtiro: ¿Quién es alguno?
Lauro: Quien tu merecido
te da, nefanda bestia.
SÁtiro: ¡Aquí de Pales,   420
sátiros y sílvanos del exido!
Lauro: ¿De los ausentes, sátiro, te vales?
SÁtiro: Probaréis de una diosa la venganza.
Celio: Diana nos valdrá.
SÁtiro: Sois desleales.
Sirena: Huyendo va.
Lauro: Veré si la pujanza   425
de esta bala de piedra, despedida
de un arcabuz de cáñamo, le alcanza.
Celio: Al sacerdote irá, mas ya fingida
tengo una relación, ved si os agrada,
que en confesar iguales va la vida.   430
Confesaré que, siendo requebrada
en vano mi Sirena de mi ruego,
me pasé con su dardo; y, preguntada
la mano que mató la fiera, luego
replicaremos que en la amarga fuente   435
la hallamos respirando sangre y fuego,
por mano que se ignora.
Diana: Diferente
he pensado, pastores.
Sirena: Di, Diana,
pues lo mejor buscamos solamente.
Diana: Todos decid que en la sazón temprana
   440
del alba nos juntamos por suceso,
cogiendo flores de marfil y grana,
y que del bosque por lo más espeso
entonces vimos penetrar el gamo,

de un cazador seguido y de un sabueso,   445
y que, estando cubierto de algún ramo
Celio, el montero incauto le dispara,
y el can sigue el asunto de su amo,
el cual, huyendo el bosque,
desampara advertido del hecho, y que la fiera
  450
allí cayó rendida de su jara.
SÁtiro: Aquéllos son, ¡oh cuál venganza espera
injuria tanta, sacerdote santo!,
si en la pena el delito se pondera.
Sacerdote:
Salve, pastores.
Celio: Vivas, Livio, tanto   455
que los números falten a tus años.
Sacerdote:
¿Es el delito comedido o cuánto?
Celio: Menos lástima tengo de mis daños
que de la injuria que hizo aquese aleve
a tus sacras orejas con engaños.   460
SÁtiro: Quien se previene ser culpado debe;
no respeta al ministro el que arrogante
a la misma deidad antes se atreve.
Sacerdote:
Celio, di la verdad porque al instante
se dé por revocado y por incierto   465
cuanto me expuso sátiro informante.
Celio: Para decir verdad, sobra el concierto,
mas no falte tu fe.
Sacerdote:
¿Cúya es la punta
por quien traes el costado mal abierto?,
y advierte que te esfuerzo la pregunta   470

en virtud de la diosa.
SÁtiro: Livio, advierte
al arpón con que el dueño se barrunta.
Celio: A la sazón que la mañana vierte
blandos diluvios de indistinta lumbre,
y el Sol renace de su ilustre muerte,   475
dejaba la agradable pesadumbre
del monte un cazador tras una fiera,
que a mi juicio siguió desde su cumbre.
Nosotros, de Ladón en la ribera
reparando el delito, amenazando   480
impedir procuramos su carrera.
él, bañado de enojo, disparando
(quizá no me tiró), del arco tira
aquesta flecha, y escapó volando.
SÁtiro: ¡Oh solemne, oh magnánima mentira!,
    485
cuando en la fuente juntos os acecho.
¿Con el monte alegáis?
Sirena: Celio delira.
Yo contaré de la verdad el hecho,
y ya te le he contado si te digo
que, por herir un gamo, herí su pecho.   490
Al coro de los dioses por testigo
pongo de esta verdad. Aquí me tienes,
que a morir, si maté, pronta me obligo.
SÁtiro: Añade que crecieron tus desdenes
con este mozo miserable, tanto   495
que por tus iras a matar le vienes;
añade que al hijuelo de Erimanto
diste palabra de futura esposa,
matando a Celio, y esto con encanto;
añade que me heriste, y que a la diosa   500

en vano supliqué cortés ayuda,
y que mataste el gamo licenciosa.
Sacerdote:
Al Oráculo voy con grave duda
del caso y del castigo mal seguro.
Para que a todos su respuesta acuda,   505
sátiro, sella el Templo con el muro.
Sirena en el Templo Alta deidad,
que el tiempo no la altera,
causa de toda causa y todo efeto,
padre del hado, lumbre al fin sincera,
en quien vive y descansa todo objeto: 510
si humilde voz asciende a sacra esfera,
purgada en llama de rendido afeto,
derrama en mis errores tus piedades,
que ruegos hacen solo las deidades.
Celio en el Templo
Estrellas que influís en alta parte   515
conformes almas, si virtud os mueve,
pues uno sigue a Palas, otro a Marte,
éste se rinde cuando aquél se atreve,
haced que de mi pecho aquí se aparte
Sirena, o que el amor hiera más leve.   520
Los dos queramos o los dos no amemos,
porque opuestos nos matan los extremos.
Lauro en el Templo
Ser de cualquiera ser, día del día,
que firme ves la universal mudanza,
nuestra inocencia absuelve y nos envía   525
respuesta grata, si mi voz te alcanza.
Arda en tus aras hoy la ofrenda mía,
y sirva de holocausto mi esperanza.
El bruto herí, mas en razón no cabe

que sangre bruta sangre humana lave. 530
Sátiro fuera del Templo
Si en vuestros orbes, dioses, hay imperio,
y tú también, si imperas, diosa alguna,
repara en que te usurpa el magisterio
brazo mortal que labra su fortuna.
Castígalos, y sienta el hemisferio 535
que en ti la ofensa y la venganza es una:
después que fue el delito ponderado,
siempre fue el castigar razón de estado.
Sacerdote
Pastor sagrado, ninfa soberana,
yo consulté el oráculo infalible; 540
allí desvaneció la niebla vana
de humana duda al rayo no sufrible.
Oid, Sirena, y Celio, y tú, Diana,
respuesta grande, grande y apacible;
escucha, Lauro; estadme, pues, atentos 545
del Oráculo grande a los acentos.
Voz del Oráculo
Nadie ofender su sangre solicita,
fraterna sangre es Celio de Sirena;
al cielo solo la malicia incita,
por esto la del sátiro condena. 550
Solo quien ama lo celeste imita.
Lauro merece no funesta pena:
sirvan los dos, porque mejor se note,
ella de ninfa y él de sacerdote.
Ambos descienden de la estirpe altiva 555
del Sol, un padre tienen ambos solo;
no se sabrá su padre mientras viva,
que ignoto habita en el opuesto polo.
Por la salud de Celio en llama activa

víctima infausta se consagre a Apolo: 560
víctima infausta, pero merecida,
pues ha de ser del sátiro la vida.

Celebrando la hermosura de Antandra
Romance

Venid al riesgo, zagales,
sí os he de llamar valientes.
Quien antes del riesgo vive
temprano se llama fuerte.
Al riesgo de Antandra os llamo, 5
adonde nace el que muere,
que en vivir de su rüina
tiene amor mucho de fénix.
Bien muere aquel que la mira,
porque es arbitrio prudente 10
morir en tiempo de dicha,
ya que no se vive siempre.
No os fiéis de su semblante
si dulces halagos miente,
que es segador cuyas manos 15
una abraza y otra hiere.
Ignoro cómo se llama
el tiempo desde que vence:
para muerte dura mucho
y para vida es muy breve. 20
Si esperáis que yo os la pinte,
ignoráis que se defiende
de nuestros ojos con rayos
en odio de los pinceles.
¿Yo retratar un prodigio? 25
¿Y yo formar imprudente
otra Antandra, cuando al mundo

única el cielo la ofrece?
¿Yo formar su semejante,
cuando los cielos no quieren 30
aun compararla en sí misma,
porque en sí misma la exceden?
No, zagales, perdonadme,
aunque digáis cuerdamente
que se atreverá a pintarla 35
quien a mirarla se atreve.
Para hermosuras mortales
pienso yo que el arte tiene
un clavel para una boca
y un jazmín para una frente. 40
Mas quien un milagro admira
sabe decir solamente
que quien imposibles calla
es quien más los encarece.

A Anarda en ocasión de una dolencia
Romance

Estaba Anarda doliente,
del cielo primera envidia,
pues la amenaza de humana
para negar que es divina.
El accidente la inquieta, 5
mas, en fe de quien la mira,
yo sé que en su mismo achaque
es la que menos peligra.
Poca oscuridad la ofende,
es verdad, mas no es mentira 10
que nunca del Sol es riesgo
la ley que se opone al día.
Cautelas son de hermosura

que en la oposición se afina:
el Sol con el alba bella,   15
antes que se muestre, lidia.
Sobra el calor en sus venas,
mas ¡ay!, de balde suspira.
¿De qué se queja quien tiene
mal que admite medicina?   20
No es mortal el accidente,
pues no nace de su vista;
hasta su mal es discreto,
pues la ofende sin porfía.
Piadosos amor nos hace,   25
y es la piedad tiranía,
pues llega a compadecerse
quien tiene mayor la herida.
Feliz quien muere a sus ojos,
que quien pasa de la dicha,   30
pudiendo morir en ella,
tiene traidora la vida.
Nadie presuma de fuerte,
pues la experiencia le avisa
que en la muerte de sus ojos   35
solo está la muerte viva.

En honor de la perfecta Gerarda
Romance

Recibid, Gerarda hermosa,
de un robado corazón
lo que le habéis perdonado,
que es solamente la voz;
o hablad, señora, por mí,   5
pues, en virtud del amor,
bien sabéis que ya no vivo

o vivo a cuenta de vos.
Es el ruido de mis labios
natural en mi dolor, 10
estruendo de vuestro rayo,
que de mi descanso, no.
Tarde os ofreciera agora
lo que valgo y lo que soy,
pues donde no hay albedrío 15
el mérito pierde el don.
Dos veces soy vuestro amante:
por suerte y por elección;
ved cuánto falta una vida
donde son las muertes dos. 20
Con solo ser vuestro esclavo
me prometo ser señor.
No diga quién soy el mundo,
pero diga de quién soy.
Otros se pierdan por yerro, 25
muera yo por galardón
adonde es ventura el daño,
adonde es la muerte honor.
Esto, Gerarda, le baste
a quien sintiendo escribió, 30
pues lo que dicta el cuidado
dice el silencio mejor.

Al mismo sujeto del romance pasado

Romance —¿Dónde voláis, pensamientos?
—A una gloria y a un martirio.
—Pues, ¿dónde está vuestro acuerdo?
—De parte del precipicio.
—¿Cómo, si voláis a un cielo, 5
quedo yo en las penas fijo?

—Porque amor nos dio a nosotros
su gloria y a ti su abismo.
—Mi pecho, que ayer fue hielo,
¿cómo es hoy incendio activo? 10
—Porque nacen los efectos
de causas, que no de siglos.
—Pues, ¿cuándo sujeto humano
pudo rendir mis sentidos?
—¿Quién te ha dicho que es humano 15
el de Gerarda divino?
—¿Y cómo esperáis ventura,
pensamientos, siendo míos?
¿No veis que nacéis tan altos
que el ser no más es delito? 20
—No importa, que en bien tan alto
el premio será el castigo,
y honrados espiraremos
por culpas de bien nacidos.
—Pues, pensamientos, yo quiero 25
deciros a lo que aspiro,
aunque vuestro error se queje
si le creciere mi aviso.
Yo vi y adoro un sujeto
tan bello como entendido, 30
que es negado el compararle
sino dentro de sí mismo.
Vive en su semblante el áspid,
y en sus flores, a su arbitrio,
con flechas de vida mata, 35
da vida con homicidios.
Labró la naturaleza,
vencida de dos hechizos,
si en la nieve cuanto pudo,

en sus manos cuanto quiso. 40
En dos azucenas puras,
¡oh flechas diez de Cupido!,
permite casi aparentes
las venas de hilado lirio.
Esto, pensamientos, baste 45
porque no me diga el brío
que aprende para cobarde
el que pondera el peligro,
Poco he dicho y mucho siento,
pero, si poco os he dicho, 50
consultad a mi silencio,
que hablará en mayor estilo.
Diréis que por qué os informo
de lo que sabéis; y digo
que solo fuera del alma 55
sabe hallar el alma alivio,

A una dama que no hacía favorecidos por temer ingratos
Romance

El Sol, Celia, cuando nace,
no se esconde a los indignos;
es deidad y favorece
solamente por oficio.
¿Deja de nacer la rosa 5
porque el árido cuchillo
del Aquilón aun primero
le da el golpe que el aviso?
¿Aguarda el montero a ver
lo que flechó fugitivo, 10
o quieto, para que el brazo
no descanse con el tiro?
El gusto de hacer dichosos

    el pago se trae consigo,
    luego ¿dentro de tu mano   15
    puedo ser agradecido?
    El asegurar la paga
    es como buscar testigo;
    ¿qué le dejas al contrato
    si haces así el beneficio?   20
    No hace el don al liberal,
    bien que le sirve de indicio.
    Aquél solamente es largo
    que sabe dar con peligro.
    Quien piensa que puede haberle   25
    merece al desconocido,
    y en su cautela madruga
    el que es ajeno delito.
    ¿Por qué piensas que los dioses
    dejan al ingrato vivo?   30
    Porque vivir obligado
    no tiene mayor castigo.
    Otra vez del Sol consulta
    el dorado precipicio;
    eterna fuera la noche   35
    si amaneciera a los dignos.

Si un amante se ve entre dos damas, una que amada le aborreció, y otra que le amó aborrecida, ¿a cuál debe más?
    Romance
    Amar por obligación
    es tributo, no es empleo;
    solo cortésmente hace
    agradecidos el miedo.
    Laura me hiela en su ardor,   5
    salamandra soy de hielo,

que la repito en cenizas
muchos cuidados de fuego.
Helada Filis me abrasa,
vista y amada tan luego 10
que pudieron ser dos cosas,
pero ninguna primero.
Vilas aumentar un prado,
y mi semblante al momento,
camaleón de las flores, 15
me dibujó los afectos.
Luchaba yo bien así
como el náufrago que, viendo
la nave arder, ni se otorga
a las aguas ni al incendio. 20
Filis, de cuya deidad
es artífice mí ruego,
eligiéndome se puso
más de la parte del riesgo.
«Perdóname —dije—, ¡oh Laura!, 25
si Filis nació mi dueño;
haz que los astros se escojan
o quéjate de los cielos.
¿Qué le pides a mi arbitrio
cuando yo no me poseo? 30
Alto género de paga
es confesar que te debo
Tu desvelo, no mi culpa,
s quien te daña, supuesto
que en elección homicida 35
fue víbora tu desvelo.
Filis, amándome, rompe
de inclinación el decreto,
tú le sigues. juzga agora

a quién debe más Fileno.» 40

Alusión al caso de Angélica y Medoro
Romance
La ciudadana del prado,
aquel mortal serafín,
abril de naturaleza,
alta envidia del abril,
hoy entre las flores sale 5
a robar y a producir,
con sus manos una a una,
y con sus pies mil a mil.
Pálido trocó el clavel
sus colores al jazmín, 10
porque les hizo el respeto
colores nuevas salir.
Doliente mira un garzón
de cuyo cuerpo gentil
sacan diferentes flechas 15
ya un suspiro, ya un rubí.
Dolerse le deja a solas
primero, por no impedir
lo natural de sus quejas, lo cierto de su raíz. 20
«¡Ay! —dice el joven—, ¿por qué,
muerte y amor, conducís
dos pasiones a un efecto,
dos accidentes a un fin?
De dos no puedo ser triunfo. 25
¡Ay, Angélica, si aquí
me anticipasen tus ojos
otra muerte más feliz!»
No está la africana ociosa,
que del rústico jardín 30

inquiere templadas hierbas
que el cielo produce allí.
Aplícalas al estrago.
Siente la mano sutil
el joven, y la responde: 35
«Curad, señora, o herid,
si no imitáis cautelosa,
cursada en este país,
halagos que miente el áspid
sobre la flor infeliz.» 40
Pero ya el Sol espiraba
cuando se ofrece, servil,
un villano que dos ciegos
noble quiso conducir.

Ponderando la crueldad de su amada
Endechas

En estas soledades
donde logran los vientos
acentos uno a uno, suspiros ciento a ciento,
la vez que con mi llanto 5
humedezco los nervios
de este instrumento, solo
de mi mal instrumento;
aquí donde las aves
deponen lo ligero 10
y, atentas a los míos,
se olvidan de sus celos,
cuyas ociosas plumas,
robadas de mis miedos,
huyendo de mí mismo, 15
no hay mal que mire lejos:
escucha, dueño mío.

Negados a lo fiero,
me oyó la tigre blanda,
me habló el monte con ecos.   20
De la muerte que busco
dame tú el sentimiento,
pues el alma te he dado
para que muera el cuerpo.
Mas, ¡ay!, que si me miras   25
morir, Lisi, no puedo,
que no sabe la Parca
robarte los efectos.
A tu rigor hermoso,
que siendo tuyo es bello,   30
se da un amor sin ojos
por vencido de ciego.
¿No miras que Anaxarte
miró su bulto mismo,
de un mármol sucedido,   35
que fue bulto más tierno?
mientras del pobre amante,
áspid el mismo aliento,
dejaba muchas flores
difuntas de un veneno.   40
¿Cuándo ignoró la Parca
si el trágico suceso
fue del arpón odioso
o del cordel funesto?
Consúltate en su estrago,   45
aunque en vano pretendo
que a quien no mueve el caso
eternezca el ejemplo.

Describiendo un terremoto
Romance

Discordias gime la tierra,
violencias el aire esgrime,
y, mientras se muda todo,
solo la mudanza es firme.
Ondas padece la tierra: 5
o se navega, o lo finge.
Enjutos naufragios truecan
las cumbres con las raíces.
Tanto en los desasosiegos
la tierra y el mar compiten 10
que en el puerto el navegante
temprano se llama libre.
Templo vi yo aquel desorden
de mármoles tan sublime
que sus esplendores mudos 15
en su rüina nos dice.
De su espalda de diamante
el peso Alcides desiste,
que, ya móvil y ya monte,
ni bien es monte, ni Alcides. 20
¿Qué es esto? ¿Obedece mobles
nuestro horizonte, o le impiden
rápidas inteligencias
las quietudes que prescribe?
¿Repítese la discordia 25
del caos? ¿Por qué delinquen
contra la paz acordada
estas horrísonas lides?
¿Cómo, los montes se mueven?

    ¿Adónde podrán, decidme,   30
    Jove excelso, los amantes
    vincular sus imposibles?

A los años del Serenísimo Infante cardenal, mi señor
Romance

    «Hoy, dulce músico —el Tajo
    al gran Pastor de sus montes
    dijo así la vez primera
    que articuló claras voces—,
    cuente enhorabuena mayo   5
    tus años, purpúreo joven,
    en sus soles como lustros,
    como edades en sus flores.
    Tú sí, no fingido Atlante,
    que aunque breve edad te otorgue   10
    cortar apenas las ramas
    de mis árboles menores.
    Sagrado y mayor arrimo,
    no ya materiales orbes,
    el mismo Imperio sustentan   15
    tus hombros firmes de bronce.
    Vive, austríaco garzón,
    vive siempre, que a los hombres
    tan solo aqueste deseo
    van dejando tus acciones.   20
    Vive cuanto importas, vive
    cual tu fama que se opone
    de la muerte y del olvido
    a los triunfos y a los golpes.
    Hoy saben mis vaticinios   25
    que al numerar tus blasones
    serán mis cristales flacos,

serán mis arenas pobres.
Entonces me verás mudo,
porque me suceda entonces 30
el gran Tibre que tus sienes
del mayor laurel corone.»
Dijo el cristal, y de sí
tan satisfecho miróse
que se acordó de Narciso 35
el verde aplauso del bosque.

Al conde de Santillana, en una fiesta de toros
Romance
El mejor hijo del Betis,
el émulo de los dioses,
el Adonis de las damas,
si fue tan valiente Adonis,
galán como fiero sale 5
(que solo en él no se opone)
a dar en el circo pasos
aun menos que admiraciones.
Andaluz caballo rige
tan ligeramente dócil 10
que solo en virtud del freno
sabe que le oprime el joven.
Veloz excede los vientos,
hoy los vientos me perdonen,
que a su pensamiento el héroe 15
tal vez acusó de torpe.
Vivas señas de la muerte
se miran en sus rejones,
pues donde menos se aguardan
se presentan más veloces. 20
Su fin en vano dilata

cuando más la fiera corre,
que su frente, aunque mudable,
sirve al acero de norte.
Al hierro, tal vez, que espera   25
defiende el hierro que esconde,
y de los golpes se vale
el toro contra los golpes.
Confunden tan sucesivas
las suertes, número y orden   30
que los aplausos no caben,
tal vez, entre las acciones.
Mas, a tal cuidado atento,
herido el fresno da voces,
pero tan aprisa hiere   35
que aun ecos no le responden.
A su brazo, al fin, se deben
tantas fieras, tantos robles
que vimos páramo un martes
el que un lunes era bosque.   40
¡Oh, vivas cuanto tu fama!,
pues ya te ensayas en orden
a domar la envidia fiera
que es la fiera más disforme.

Cuenta un fingido gigante de Sicilia a un peregrino cómo vio a Pantagia, hija fingida también de Doris, y se enamoró de ella

Romance
Yace montuosa Sicilia,
y en su terreno desorden
tan fértil que solo puede
ser su alabanza su nombre.
Hacia donde nace el día,   5

hacia donde espira, y donde
con paso tenaz la buscan
los siete helados Triones,
tirrenas ondas la cercan,
y en el opuesto horizonte					10
el mar la hiere africano
con cristalinos azotes.
Enjutas vi yo sus playas;
cuando el mar sus leyes rompe,
introduciendo en las selvas					15
páramos de plata móvil,
aislada quedó Sicilia,
huésped húmido del roble
se vio el pez, nadó la fiera
la primera vez entonces.					20
Víctima allí de sí mismo,
corrientes vomita ardores
el Etna (perdone Arabia),
bárbaro fénix del orbe.
Hipócritas sus entrañas,					25
fuego sienten, nieve exponen.
¿Qué harán los pechos humanos
si saben fingir los montes?
Suda en la ardiente oficina,
jayán armígero, Bronte,					30
y el rayo al suspiro ardiente
aún más se debe que al golpe.
Muere en el Ponto Aretusa,
cansada de errar los bosques,
que hasta las fuentes perecen					35
a manos de sus errores.
Antes de nacer Pantagia,
prodigios eran los que oyes,

y yo, si no la mirara,
viviera la edad de Jove: 40
A ser de Doris ultraje
nació Pantagia de Doris,
que en ser de las ondas hijos
aun no faltaron sus soles.
En las cortes y en los prados 45
la aclaman liras y albogues
la perfección de su patria,
patria de las perfecciones.
Yo, que a preceptos amantes
libre siempre, siempre indócil, 50
llamé al amor, que ya siento,
gran fábula de los hombres;
yo, que deidad no venero,
y no hay vida a quien perdonen
mis iras, porque con muertes 55
hice los números pobres;
yo, a cuyos ocios se debe
cuanto vuela, sulca y corre,
y es donde llega mi amigo
tarda rüina mi estoque; 60
yo, que si el brazo dilato
puedo sosegar los mobles,
y, sin auxilio de riscos,
mover batalla a los dioses,
miréla una fiesta, cuando 65
hermosa y fiera se opone,
que nunca dos cosas fueron
la hermosura y los rigores.
Rindióme al fin su semblante.
Arbitro allí de las flores 70
vive el áspid, y, si vive,

es solo porque se esconde.
¿Qué le vale al bronce serlo,
si hay incendios para el bronce?
¿Qué a las torres su eminencia, 75
si hay rayos para las torres?
Miróme trémula, y quiso
calzar los vientos veloces,
cual ninfa que entre la sierpe
implicó la huella torpe. 80
Lánguida quedó, más bella,
como cuando el sulco rompe
la flor que a su estrago pierde,
no la deidad, los colores.
Rompí el silencio impaciente, 85
más tierno ya que disforme,
y de rayos de mi pecho
truenos fueron tales voces.

Al caso de Apeles cuando retrataba a Campaspe, de quién se enamoró, y alabando la acción de Alejandro en otorgársela

Canción

En muda copia de confusas flores
remedos coloridos desataba
el pintor que envidió naturaleza.
Dando al bulto lascivo que copiaba
eternidad suave con colores, 5
redimía del tiempo su belleza.
Muerto de amor empieza
copia más ardua con pincel nativo,
y la imagen fingida
de pintor muerto fue prodigio vivo. 10
La nieve colorida

iba imitando con respeto helado
y el esplendor con fuego enamorado.
Pende confusa del carmín la nieve,
y las plumas cambiantes abrasaba   15
a tan nueva deidad la simetría;
cuanto veneno, pues, la vista bebe
la mano en variedades desataba,
dilatando la causa porque ardía.
A cuya valentía   20
si al arte los colores se escondieran,
de vergüenza cobarde
al arte los colores le salieran.
La vista admira tarde,
pues dibujaba con el propio afecto   25
que casi aliento dio al pincel perfecto.
Piedad Apeles solicita mudo,
y, liberal primero que advertido,
el franco Macedón se la concede.
Logra la posesión, donde no pudo   30
esperanza caber, agradecido
a aquel que de su acción propia se excede
y deferir no puede,
contemplando de Apeles los desmayos
y la copia mirando,   35
cual arde de los dos a vivos rayos.
Los dones despreciando,
nunca fue liberal como este día,
pues en Campaspe dio lo que quería.
Si de vencer su afecto enamorado,   40
que el pecho le inflamaba belicoso,
Apeles ocasión fue destinada,
donde el valor quedó tan quilatado
y el ánimo quedó tan generoso,

antes la Majestad quedó obligada   45
que la copia premiada.
Qué trofeo no fue debida gloria
a instrumento que pudo
granjearle de sí mismo victoria,
en cuya acción no dudo   50
que nuevo mundo conquistó, cobrando
su ser que vino el mundo sujetando.

Al arrojarse Dido sobre la espada de Eneas
Liras
Deja, Dido, el acero,
no se diga que mueres a su estrago.
¿No es tu dolor más fiero
en la fuga del huésped de Cartago?,
o consientes la herida   5
porque amenaza al cuerpo y no a la vida.
Mal el daño aconsejas
con el llanto y suspiros que produces.
¡Oh, niégate a las quejas!,
que en cuanto viento exhalas le conduces, 10
si llorar no deseas
y hacerte mar porque le sulque Eneas.
Mas, ¿cuál hado ignorante
dispone en ambos tan adversa historia?
¿Has de morir constante,   15
y, huyendo, Eneas blasonar victoria?
¿Es por ventura acierto
que viva al mar y mueras tú en el puerto?
¡Qué cauteloso al fuego
que te ocasiona roba el elemento,   20
que le contrasta luego,
olvidando este trágico instrumento!

Porque supo el tirano
que, donde hay ocasión, sobra la mano.
Pero ya te encaminas 25
al postrero dolor, si no al más fuerte,
porque así determinas
dar en tu corazón a Eneas muerte,
y ser tu mano piensa
al tiempo tu venganza que tu ofensa. 30

Anteponiendo el deseo a la esperanza como gusto mayor
Décimas

No diga que siente amor
quien se cansa de esperar;
solo aquél muere de amar
que muere de su dolor.
No merece, no, el favor 5
quien es por favor constante,
que una esperanza triunfante
solamente para ser
dichoso la he menester,
que no para ser amante. 10
La esperanza más leal
veloz a su fin camina;
algo tiene de divina,
pero lo más de mortal.
Solo el deseo inmortal 15
se eterniza en su desvelo,
como el Sol que, aunque a su vuelo
términos oponga el día,
por no acabar su porfía
repite el curso del cielo. 20
La esperanza nuevo ser
pretende, y ése la anima.

Luego, ¿ninguno la estima,
pues la pretende perder?
No es pretensión el querer, 25
ni el amar es conveniencia,
que es bárbara inteligencia,
o solicitud mortal,
que busque remedio al mal
quien vive de su dolencia. 30
Vive en desdén o favor
la esperanza peligrosa;
el amor no quiere cosa
sujeta más que al amor.
Quejaráse mi dolor 35
solo cuando falte a quien,
y en tan áspero desdén
yo confesaré a mi estado
que será el más desdichado,
mas el que quiera más bien. 40

A una dama que, ofreciéndola imposibles su amante, le pidió que no la amase

Décimas

Mal mi promesa advertís,
Celia, en mi amor increíble;
más allá de lo imposible
está lo que me pedís.
Que no os adore, decís, 5
siendo vuestra estimación
mi natural afición.
¿Si es contra vos el efecto,
puede ser en mí precepto
vuestra desesperación? 10
Yo por vuestro amor iría

donde no se fue jamás,
donde falta el día más,
donde sobra más el día.
En fe de mi amor sería   15
todo fácil y en rigor.
Sin vos no quedo deudor
a la palabra que os di, si imposibles prometí
en virtud de vuestro amor.   20
Vuestro poder en mi fe
consiste, y la despreciáis.
Probadme que nos os burláis
y yo os obedeceré;
o que trocáis, pensaré,   25
por vuestro agravio mi cura.
Páguese vuestra hermosura
del fruto de lo que ordena;
que no os canse, enhorabuena,
mas que no os ame, es locura.   30
Injustamente imperiosa
buscáis a mi mal remedio.
¿Habéis hallado algún medio
para no ser tan hermosa?
Ver que estorbáis cautelosa   35
lo mismo que procuráis,
y a vos misma os repugnáis,
porque es acuerdo imperfecto
querer que cese el efecto
de causa que no quitéis.   40

A un amante que procuraba encubrir su pasión por conveniencia

Décimas

¿Qué solicitas así,

Livio, muerto ya de amar?
No pudiéndote librar
de Cloris, ¿huyes de ti? ¿No será locura, di,   5
hacer discursivo a amor,
siendo, aunque dulce, un error,
y mentir con la apariencia,
cuando la misma dolencia
es índice del dolor?   10
Mal puede compadecer
arte y voluntad quien ama,
avariento de la llama
y liberal en arder.
A su origen esconder   15
sus efectos no podrás,
si donde menos estás,
que es en ti, tu engaño miras.
¿Verále por quién suspiras
que es adonde vives más?   20
Mal conoces al amor
si disimular previenes,
o piensas que no le tienes,
que es un engaño traidor.
Estás rendido al dolor   25
y ¿esconder quieres la queja?
Que huyas, Livio, te aconseja
el deseo, no el caudal,
que el esclavo desleal
de ser esclavo no deja.   30
Quien quiere puede adorar,
pero no basta querer
olvidar, sino poder, ,
ni puede quien supo amar.
Deja, Livio, de apurar   35

tus fuerzas en tu cuidado,
que aunque de Clori triunfado
hoy hubiera tu desdén,
si sabe que amaste bien,
dirá que no has olvidado. 40

A unos ojos azules
Décimas
Miré en duplicada esfera
dos azules arreboles:
el alma los llama soles,
aunque el número no quiera.
De los dos puede cualquiera 5
causar amantes desvelos.
No les dieron, no, los cielos
aquel sereno color,
que vive en cualquiera amor,
y así se visten de celos. 10
Y ser del color que son
en tan divina belleza
no fue de naturaleza
suerte, fue cuerda elección.
Que de nuestra adoración 15
los excesos prevenía,
y copió con valentía
el cielo en sus rayos bellos,
para disculpar en ellos
nuestra amante idolatría. 20

Al pintor de un hermoso retrato
Epigrama
Llegaste los soberanos
ojos de Lisi a imitar

tal que pudiste engañar
  nuestros ojos, nuestras manos.
  Ofendiste su belleza,   5
  Silvio, a todas desigual,
  porque tú la diste igual
  y no la naturaleza.

A un poeta maldiciente
  Epigrama
  Fabio todo el año ayuna
  del Parnaso los primores,
  y así las obras mejores
  muerde, sin dejar alguna.
  Ya el mundo su estilo sabe;   5
  en sus intentos se pierde.
  Claro está que lo que muerde
  es lo que mejor le sabe.

A Silvia gustando demasiado de verse al espejo
  Epigrama
  Silvia, atenta a tu figura,
  vives de ella enamorada,
  que aún no está desengañada
  en Narciso tu hermosura.
  ¿Ves cuán rápida y caudal   5
  huye tu impresión luciente?
  Pues, Silvia, más fácilmente
  perece el original.

A una dama que se quejaba del tiempo pasado
  Epigrama
  Tu hermosura malograda
  de qué se queja no sé;

la más acabada fue,
y es hoy la más acabada.

Disculpando el haber hablado en su amor
Madrigal

¿Cuál amante más sabio,
de llama venenosa el pecho lleno,
las vivas ondas no divierte al labio?
¿Cuál rayo, oh Lisi, no permite trueno?
Trágico es desengaño   5
si el cisne, ruiseñor del agua, miras
de mi cantado daño.
Duélete, ¡oh Lisi mía!,
de su más elocuente melodía,
retrato de mi suerte,   10
que en acentos de amor libro mi muerte.

Otro a lo mismo

Bate intrépidas alas a tu cielo
mi amor; cae en mi llanto fulminado.
Vuelvo a emprender tu cielo,
ya olvidado de mi castigo, con funesto vuelo.
Del daño al daño apelo,   5
del cristal a la llama.
Castígame el amor y amor me inflama,
siendo por tu desvío
fénix eterno el precipicio mío.

Flor del campo comparada a la flor de hermosura. Es traducción del Taso
[Octavas]

Mira, cantaba, despuntar la rosa,
modesta virgen de su verde estrella,

que, medio abierta y medio perezosa,
cuanto se muestra menos es más bella.
Luego, desnudo el seno, licenciosa 5
se extiende, luego yace, y no es aquélla,
aquélla no, que, codiciada de antes,
fue de doncellas mil, de mil amantes.
Así fenece al espirar del día
de la vida mortal la flor, lo verde: 10
no porque torne abril; de abril confía
que de reverdecerla más se acuerde.
La flor cojamos en la aurora umbría
de este día que presto la luz pierde;
la flor digo de amor: amemos cuando 15
amados ser podemos hoy, amando.

A una dama que, mirándose a un espejo, se le quebró
Redondillas

Tu impresión divina ves
en el cristal, aunque poco,
que de aquel amante loco
líquido sepulcro es.
Pero tu ser celestial 5
decir, venciéndole, quiso
que el cristal es el Narciso
y tú el vencedor cristal.
Cuando formó tu figura
naturaleza, rompió 10
el pincel, y así quedó
por única tu hermosura
Naturaleza fingida
era el espejo, y así
rompió la estampa por ti, 15
que da mentirosa vida.

Muere a tu mano el cristal,
y muerto nos dice, y mudo,
que aun de sí misma no pudo
tener tu belleza igual, 20
No con designios ingratos
el espejo se despide,
que en más partes se divide
por tenerte en más retratos.
En tus rayos celestiales 25
mal el suceso se admira,
porque, cuando el Sol los mira,
desata el Sol los cristales.
No fuiste, ¡oh vidro!, jamás
como agora venturoso: 30
quien pudo vivir dichoso
mal hiciera en vivir más. 173

Letra

Solo el silencio testigo
ha de ser de mi tormento,
y aún no cabe lo que siento
en todo lo que no digo.
Glosa
Dulcísimo ruiseñor, 5
¿quién de ti se ha de doler,
aunque pregonas amor?
Pequeño debe de ser
cuando se canta el dolor.
Yo, mudo en amar, prosigo 10
haciendo el daño interés,
y aun al silencio maldigo,
porque de mi daño es
solo el silencio testigo.

Ese concertado son 15
no es amor, sino dulzura.
El que siente no procura
deleitar con su pasión,
ni hacer de su daño usura.
Vive el fuego, más atroz 20
que en la apariencia, en lo lento.
El colegir lo que siento
no ha de ser, no, de mi voz,
ha de ser de mi tormento.
El que pretende obligar 25
hace mudo el sacrificio,
que en un hidalgo penar
se queja el amor de vicio,
cuando se puede quejar.
Celia se podrá reír 30
de mí, que al pecho sediento
de penar y de sufrir
le busco más que sentir,
y aún no cabe lo que siento.
Cuanto sintiendo se aprende, 35
callando se habla mejor,
que quien alivio pretende
o no está bien con su ardor,
o muy de paso se enciende.
Pues, si a declarar me obligo 40
un mal que mata y no muere,
más alta prueba consigo,
que en lo poco que dijere,
en todo lo que no digo.

Letra
Es el engaño traidor

y el desengaño leal;
el uno dolor sin mal,
el otro mal sin dolor.
Glosa
No está, no, en la alevosía 5
de unos ojos el engaño.
Quien pensó que merecía,
ése fabricó su daño;
engañóle su porfía.
Que a tener, Silvio, delante 10
lo indigno como el amor,
no te engañara un semblante,
porque solo al necio amante
es el engaño traidor.
Si tú, que la obligación 15
te tienes mayor, te engañas,
amante de tu opinión,
¿por qué en caricias extrañas
quieres hallar galardón?
Deshaz del engaño el mal 20
con tenerle prevenido,
y te darán fruto igual
el engaño desmentido
y el desengaño leal.
Uno y otro daño fiero 25
de la verdad y el error
tan opuestos considero
que uno parece dolor,
otro es dolor verdadero.
Elige por interés 30
de dos daños el leal,
y conocerás después
que de estos dolores es

el uno dolor sin mal.
Al engaño no le queda 35
el no doler de piadoso,
aunque las fuerzas no exceda,
que esconde lo venenoso
porque curar no se pueda.
Hijo bastardo de amor 40
nos amenaza importuno,
con duplicado rigor,
ser mal que se ignora el uno,
el otro mal sin dolor.

Letra

Pues no conoció su estado
quien llegó a ser venturoso:
dichas no le harán dichoso,
que, él hace al bien desdichado.
Glosa
¡Qué breve tiempo que sabe 5
una dicha ser verdad!
Huye veloz, viene grave,
y, si viene, la mitad
del gusto al temor le cabe.
Feliz el que en su cuidado, 10
siempre a la dicha negado,
huye de ella el corazón,
libre en su declinación,
pues no conoció su estado.
Nadie tal fortuna alcanza 15
como el que sigue ninguna;
nadie lloró su mudanza
si primero la fortuna
no le engañó con bonanza.

Aquél es ser más glorioso 20
que dura más en su ser;
luego, quien no fue dichoso
es, pues no teme su ser,
quien llegó a ser venturoso.
Es la dicha suerte pura, 25
es un hermoso accidente,
tanto finge como dura,
por naturaleza miente,
sale verdad por ventura.
Fin de dichas alevoso 30
es transformarse en desdichas;
quien lo ignora es venturoso,
que a quien conoce las dichas
dichas no le harán dichoso.
El bien, cual ave caudal, 35
si le tocan o le ven,
huye a los vientos igual.
¿A qué viene, pues, el bien?
Solo a introducir el mal.
Huye el bien de ser mirado; 40
por falso, no corresponde
sino al que mira engañado.
Del cuidado el bien se esconde
que él hace al bien desdichado.

176. Letra
Ámbar espira el vestido
del blanco jazmín, de aquel
cuya castidad lasciva
Venus hipócrita es.
Glosa
Penetraba el prado Amor, 5

abeja dulce del prado,
cuando le advierte el olor
que debe a su pie nevado
—hija y émula— una flor.
Consultóla y, suspendido,   10
miró su retrato dentro.
¡Qué prenda tan de Cupido!
Incendios recata el centro,
ámbar espira el vestido.
Hízola por su hermosura   15
del prado monarca tierno,
y aun darla al cielo procura,
que lo que una rosa dura
no es para un cuidado eterno.
Ya tendrá Cupido estrella   20
como Venus, y por él
se honrará la aurora bella,
no de la lumbre de aquélla,
del blanco jazmín de aquél.
Y mientras bate triunfantes   25
al ya prometido asiento
alas de nieve fragantes,
le dará aquí su elemento
solio en imperio de amantes.
Cetro oloroso prescriba,   30
si a vencer su fuerza activa
fuerza de Venus no basta,
cuya lascivia fue casta,
cuya castidad, lasciva.
Ya la envidia de una diosa   35
es la planta de un jardín.
¡Oh beldad presuntuosa!,
mira vivir envidiosa

       una deidad de un jazmín,
       Bien que, en aplauso cortés,   40
       el jazmín se ofrece grato
       al contacto de sus pies;
       y, si lo juzga el recato,
       Venus hipócrita es.

El retrato panegírico del Serenísimo señor Infante don Carlos, Príncipe de la mar, etc.

       Dedicóse al duque de Medina de las Torres,
       Sumiller de Corps, etc.
       Los principios, aprobaciones y elogios al autor
       se omiten aquí en favor de la brevedad

Argumento del Retrato panegírico

Soneto

       Viendo España la pérdida temprana
       de Carlos, que hoy los astros acrecienta,
       a deidad memoriosa se lamenta,
       que en Templo no mortal reside ufana.
       Divina en ciencia y en respuesta humana,   5
       no solo con alivios la alimenta,
       mas en glorioso rapto la presenta
       a Carlos que hace su querella vana.
       Satisfechas se vencen sus querellas;
       las de llanto son ya de gozo fuentes,   10
       mirando un godo ejército cristiano.
       Contempla a Carlos entre formas bellas,
       añadido a sus altos ascendientes;
       parte alegre y consuela al gran hermano.

Del Retrato de su Alteza Serenísima

Canto Primero

I
Canto de Austria al feliz planeta nuevo,
del Sol envidia y de la envidia llanto,
por quien funesto cisne canta Febo;
que nada vivo puede ser hoy canto.
¡Oh, viva solo yo en lo que me atrevo,   5
si aún de esta vida se olvidó mi espanto!
Y mis dolores, hoy al publicarlos,
urna serán y panteón de Carlos.

II
Carlos, el que murió cuando nacía,
si le cuentan la edad las juventudes,   10
con quien la muerte disculpó su día,
contándole por años las virtudes;
Carlos, que era salud de la alegría,
donde en una espiraron mil saludes;
el que en orden al árbitro del mundo   15
sucesivo nació más que segundo;

III
Carlos, a quien por único destino
toda la vida le ha heredado el nombre;
en quien todas las partes de divino
ya no pudieron tolerar las de hombre.   20
Del cielo al arduo examen cristalino

ave austríaca expone su renombre,
renaciendo de un santo parasismo,
otro en la luz y en majestad el mismo.

IV

¿Qué estilo de metal, de musas ciento,   25
bañado en fuente de licor furioso,
digna voz me dará, digno instrumento?
No será para ti, si es numeroso;
para ti, a quien hoy falta monumento,
en el grave, en el último reposo;   30
que túmulo de un orbe no recibes,
o por mayor que el orbe, o porque vives.

V

Templo te diera Efesia y edificio
donde tu humanidad no fuera humana,
mas hizo el bronce al tiempo sacrificio   35
y al mármol heredó pavesa cana.
Horrendo fue su fin, pero propicio
por inconstante al culto de Diana,
pues diera el tiempo con acción odiosa
fábrica firme a la inconstante diosa.   40

VI

También a tu magnánima ceniza
el mausoleo diera vida en fama;
ya su pompa real desautoriza
urna de yedra y túmulo de grama.
Bien que así aquel cadáver solemniza,   45

mejor que cuando al Sol bebió la llama,
pues más propia (si no más peregrina)
es exequia de un muerto una rüina.

VII

Y, pues, el bronce muere, el jaspe yace,
y todo pasa de deidad a ejemplo; 50
memoria que no muere y siempre nace
deidad te informe y te construya templo,
que, si el olvido a rayos le deshace,
en cuyo estrago a Júpiter contemplo,
te velará el dolor, pues su ejercicio 55
el templo puede herir, no el sacrificio.

VIII

En tanto, pues, que al regio empíreo coro
das tanta luz que el Sol de tus reflejos
recibe puros alimentos de oro
y es Narciso inmortal de tus espejos, 60
pues no a distancias oyes lo sonoro
(¡oh tú, siempre apartado y nunca lejos!),
quejas escucha de la triste España
que hoy te asiste, bien que hoy no te acompaña.

IX

Era la noche en que el león del cielo, 65
rugiendo en campos de zafir flamante,
en cada aliento dio un desmayo al suelo,
una muerte le dio en cada semblante.
Halló al león de España sin recelo,

que en quietudes durmió de semejante.   70
Tu signo, Carlos, se mostró tan fuerte
que ¿quién pudiera, sino tú, vencerte?

X

Yerra en las venas y los nervios tala
maligno humor, presagio de la muerte,
que ni en las ondas médicas se exhala,   75
ni en disipadas venas se divierte.
La juventud pelea, mas no iguala
al mal, aunque hace la flaqueza fuerte.
El arte se confunde, busca medios,
y de intentos no pasan los remedios.   80

XI

No solo falta la falible escuela,
mas confiesa faltar su ciencia y arte.
Gana el pleito la muerte, bien que apela
al cielo sordo la postrada parte.
A la aurora que a Dios la luz nivela,   85
y, una siendo, en mil formas se reparte,
se invoca, mas guardóse a más efeto,
y corrió inexorable el gran decreto.

XII

Ya el Príncipe católico prepara
el alma justa al infalible vuelo;   90
el archivo del pecho ya se aclara,
el llanto baja desde el rostro al suelo.
Falta la voz, mas sin la voz declara

el tierno corazón que acepta el cielo,
con quien las voces sin estruendos obran,   95
que, donde hablan afectos, voces sobran.

XIII

Cede a la infiel segur el árbol verde,
el monte tiembla al rayo soberano,
el armiño cercado alientos pierde,
yace la rosa al filo del verano;   100
la yedra el edificio abraza y muerde,
roba a la mies la hoz el áureo grano,
la nave rota por el mar delira:
todo diciendo está, Carlos espira.

XIV

Ya murió, mas su faz pura y serena   105
indicios daba de futuros dones;
difunto dio a los ojos otra pena,
porque olvidó la muerte sus facciones.
Aún pensando que vive, el llanto enfrena
la familia a preñados corazones;   110
pronunciando su cara esclarecida
que hay vida muerta, pero no vencida.

XV

El Palacio se turba, desvanece
el orden; éste a solas se lamenta,
aquél, viendo el tumulto, se entristece,   115
que sus virtudes y sus años cuenta.
Y cual de seso en el dolor carece,

que al cielo acusa con piedad atenta,
el temprano desorden de los hados
los enseña a gemir desordenados.   120

XVI
Ungen el cuerpo noble, y se derrama
en bálsamos y en mirras mucho oriente;
y, porque falta al sacrificio llama,
ceñido se la sirve arnés luciente.
Al pueblo que le adora y que le aclama,   125
y no le puede hallar donde le siente,
armado se presenta en sitio abierto,
que aún para todos fue después de muerto.

XVII
Varios lamentos un lamento forman,
y aviva los gemidos su presencia.   130
Unos de liberal, otros le informan
de justo, no olvidando su clemencia.
Difieren los aplausos, mas conforman
la razón en la misma diferencia.
Algunos lloran más que el llanto ignoran,   135
pues los muy tristes hacia el alma lloran.

XVIII
Amaneció la noche, que el Sol puro
en negra tempestad de luto ondea;
sale al pálido oriente tan oscuro
que, ya de día, al día se desea.   140
Piensa otra vez que el hijo mal seguro

zozobra el carro de la luz febea.
Sabe que Carlos es, llora más tierno,
que es más perder la luz que no el gobierno.

XIX
Llega la noche sin llegar, pues antes   145
arrebató la luz al triste día.
Las estrellas prestaron sus diamantes
al gran cadáver en devota guía;
danle el postrer honor los circunstantes
en militar y en sacra compaña: 150
Intímanle a gran urna, y desde entonces
blandos los jaspes son, tiernos los bronces.

XX
Hay edificio de labor extraña
en el templo mayor, y son sus senos
no dignos de los Césares de España;   155
pero del mundo los indignos menos.
No el Sol sus piras ni sus urnas baña,
que los vasos están de soles llenos.
Carlos se añade a la cesárea rueda;
déjanle allí, y en otra parte queda,   160

XXI
Sintió el gran caso España victoriosa
y, rasgando su excelsa vestidura,
armó su frente, no de nieve y rosa,
de ceño, pero ceño de hermosura.
Rompe a dos manos la corona hermosa,   165

que a sus sienes es grave, mas no es dura;
despedazando cetros y cuchillas,
voces al aire dio, vulgo de astillas.

XXII
Tal, Roma, tú te apareciste un día
a César en su intrépido camino 170
donde más claro el Rubicón se oía
en lo fatal, que no en lo cristalino.
Mas, ¡ay, Julia!, que a ti se concedía
tratar diestra con diestra al gran latino,
y España, que más busca y más suspira, 175
solo a su Carlos en su pena mira.

XXIII
Sintió el gran caso, y, de furor movida,
se niega a la quietud y el curso aceta.
Corre al fin, y alcanzara despedida
del arco persa la veloz saeta. 180
Al venerable Templo dirigida,
donde la gran Memoria se interpreta
por matrona fiel de antiguo pelo,
depositó los términos del vuelo.

XXIV
Adonde el monte Líbano eminente, 185
gigante nuevo, sin que espire, yace,
el que antes que le raye el Sol de oriente,
él mira al Sol que sin morir renace;

tan grande, sin pensión de diligente
(porque el grande madruga cuando nace), 190
que, al caducar el estrellado velo,
se guarda para báculo del cielo,

XXV
Hay de verde esplendor una espesura,
que al estilo de selva se dilata,
donde al pueblo de flores y verdura 195
ni abril requiebra ni su ausencia mata.
No de alimento el Sol, mas de hermosura
sirve a los campos; no la edad los ata,
que beldad que de términos empieza
efímera se llama y no belleza. 200

XXVI
Sin guarda aguda reina allí la rosa
que en lo libre está ociosa la defensa.
Vive, no pasa, juventud hermosa,
gozando el privilegio sin ofensa.
El Sol la mira, y ella, vergonzosa, 205
el cuello humilla y el favor compensa;
agradecida sí, mas retirada,
que flor podrá vivir, mas no envidiada.

XXVII
Lleno de liras mil derrama el pecho
tan dulce el ruiseñor enamorado 210
que al cuidado de amor quita el derecho
y hace eterno al amor sin el cuidado.

A sus floridas plumas prestan lecho
las flores; duerme el ave y crece el prado.
Despierta, vuela, danle quejas sumas,   215
porque de amado le nacieron plumas.

XXVIII
Soles del prado son las palmas rojas,
y el amante del mar, robusto abeto,
que vence con firmezas sus congojas,
es allí en mar de luz bajel quieto.   220
Allí Dafne coronas da por hojas;
gózala en ramas el pastor de Admeto;
engáñale en su verde semejanza,
muerta al amor y viva a la esperanza.

XXIX
En este Elíseo donde siempre empieza   225
la edad que sube sobre todo espacio,
donde el deseo fue naturaleza,
la Memoria eterniza su palacio.
No se le atreve el precio, y la destreza
sobrepuja al sardónico y topacio;   230
desde lo más distante de la playa
arde el piropo y el diamante raya.

XXX
Medio monte al alcázar presta asiento
(que un rayo le humilló para edificio),
tan en orden después de lo violento   235
que pareció el estrago sacrificio.

De fornido cristal columnas ciento
son prólogo del grave frontispicio;
el bronce en pedestales la sublime máquina
   sufre,
pero el bronce gime.   240

XXXI

En perspectivas cuatro se reparte;
una al Sol, cuando nace, se dedica.
En doce estatuas que el cincel comparte
altas fatigas, a qué nace explica.
Otra al Sol meridiano aplica el arte   245
y en carácteres quejas significa;
su rayo acusa de nobleza falto,
pues hiere más porque se ve más alto.

XXXII

Hacia la parte donde el Sol espira
toda la faz es un funesto alarde;   250
pálidas luces el topacio gira
y el carbunclo exquisito antorchas arde.
Donde el alcázar hacia el norte mira,
César valiente, Amiclas el cobarde
dudan, gravados, si en los mares fríos   255
se libraron por votos o por bríos.

XXXIII

Tan a nivel anduvo el plomo recto
que del hilado cáñamo desciende
que al severo juzgar del arquitecto

la fábrica no estriba, sino pende. 260
El oro a vides, por buril perfecto,
las jambas une y los pilares prende,
recibiendo la máquina pesante
sobre sus hombros un marmóreo Atlante.

XXXIV
Argos de puertas ciento, la gran casa 265
ojos de verde jaspe al Sol ofrece,
que a cada cual, entre una y otra basa,
el jacinto marítimo guarnece.
Leal compás que las distancias tasa,
con la igualdad las hermosuras crece. 270
¡Oh, divina igualdad!, que aun desde piedras
amante aplauso de los ojos medras.

XXXV
Mármol, en claraboyas arrogante,
orden segundo al primitivo junta,
no labradas a punta de diamante, 275
sino a diamante de costosa punta.
Viriles de crisólito flamante
vuelven la luz del Sol al Sol difunta,
coronando sus dóricas colunas
el oro a soles y la plata a lunas. 280

XXXVI
Forma estatuas Lisipo tan atento
que, porque no se mueve, engaña el bulto;
en la quietud reservan movimiento,

y está el moverse en la quietud oculto.
Más arte fue negarles el acento 285
que si les diera voz el fabro culto;
releva historias y sucesos corta
adonde el pasmo, no la voz, importa.

XXXVII
Allí el piadoso huésped de Cartago
miente el renombre con la triste Dido, 290
si bien ella fue cómplice en su estrago,
pues creyó tan solícito marido.
No en las llamas, en las flechas, ni el halago,
dice, muriendo, amor te he conocido;
agora sí, en las alas o en las velas, 295
mas, ¿cómo eres amor, amor, si vuelas?

XXXVIII
De las diosas que vio París en Ida
la sentencia se ofrece dibujada;
las dos desnudas, porque está vestida
Venus, de desnudez aventajada. 300
Ama París primero que decida,
y a un ciego está la duda reservada:
vence Venus. Las dos forman enojos
de que las juzgue un árbitro sin ojos.

XXXIX
De esta soberbia hermosa de cinceles, 305
que al tiempo vence en lides de primero,
son Tántalos del Sol los capiteles

y el cielo imán del coronado acero.
Llega España a los pórticos fieles,
rompiendo sendas de topacio entero,   310
que España, desde oriente hasta el ocaso,
no sabe andar sino rompiendo el paso.

XI
Llegaron al estruendo de su huella
sirvientes de lealtad y amor llevadas:
Castilla, la hermosísima doncella   315
y la anciana, una y otra coronadas;
la matrona Andaluz las ropas sella
con las columnas de Hércules osadas;
Vizcaya alumbra desde toda parte,
pendiente al hombro el guadarnés de Marte.320

XLI
Va Portugal que nunca ha visto al miedo,
y va Aragón que se le da a Belona,
armándole otros reinos de denuedo,
que, cual lirios, le tejen la corona.
Tú vas, León, a quien la zona puedo   325
ya prometer (si cabes en la zona),
y tú, Galicia, que pareces ruda
patria de la verdad, pasas desnuda.

XLII
Sicilia fértil, Nápoles hermosa,
fuerte Milán le ofrecen ministerio;   330

América, la bárbara preciosa,
firme en lealtad y varia en hemisferio,
en reinos y en provincias numerosa,
cetros añade al español Imperio.
Otras siguieron mil su augusto paso,   335
lamentando de Carlos el ocaso.

XLIII
Llegan al gran alcázar donde cesa
de las plumas el ímpetu atrevido,
que toda ligereza humana pesa;
pásmase el vuelo y dura lo vencido.   340
Así vive en la llama la pavesa
solo por vanidad de lo lucido,
pues quiere acreditar también el fuego
que hiere de contrario y no de ciego.

XLIV
En áureo solio inmensa resplandece   345
la Memoria, de siglos coronada.
Toda pasada edad allí se ofrece
tan viva a la matrona dedicada
que de cierta elección siempre carece,
mirando la presente y la pasada;   350
y, utilizando el yerro introducido,
se eterniza viviendo en lo vivido.

XLV
Allí de toda Parca el vario estilo
pulsa las ruecas, los estambres gira;

una el áureo vellón digiere en hilo;   355
otra sus manos jubiladas mira;
otra copos de acero, filo a filo,
corva la rueca, inexorable tira,
y el tiempo ejerce su voraz distrito
sobre el nacer, que es tácito delito.   360

XLVI
No se detuvo a contemplar la goda
del Palacio la costa o la estructura,
que o nada es tanto, que la ocupe toda,
o en descuidos ejerce gran censura.
Los ojos del llorar desacomoda   365
y, armado el pecho de elocuencia pura,
llorando en mal ajeno el propio agravio,
tales de amor afectos fía al labio.
Del Retrato de su Alteza Serenísima
Canto Segundo

XLVII
«Escucha —dijo España—, si es que agora,
alma del tiempo, estrenas mi cuidado,   370
que el triste, cuando el mal que excede llora,
siempre juzga su mal por ignorado;
y aunque mal, que en remedios no mejora,
vive en los cuerdos, de silencio armado.
Estos suspiros de su centro vuelan,   375
porque sobran, que no porque consuelan.

XLVIII
Dos fines a tu patria me reducen:
es el primero eternizar mi llanto
(si tristes casos en tu voz inducen
materia fértil de perpetuo canto), 380
y ver a cuánta fama se conducen
los regios héroes de mi Imperio santo;
y pues de entendimiento procediste,
escucha, absuelve mi lamento triste.

XLIX
Todo principio nace prometido 385
a fin perfecto, y le dirige el paso;
gime sin él, y acusa dividido
la providencia, como a incierto caso.
Es verdad que alma eterna en frágil nido
rompe sin ira el momentáneo vaso; 390
rómpele, no violenta, mas divina,
con disculpa, pues crece en la rüina.

L
Mas vamos a la unión, no a la difunta
separación de tan caduco halago:
parece que sin culpa no se junta 395
lo que no se divide sin estrago,
y que la muerte está al nacer tan junta
que no es nacer principio, sino amago.
Y si es que toda muerte es infalible,
¡oh fuera, oh fuera el no nacer posible! 400

LI

Y ya que el nacer fuerza y no convida,
viviéramos los números mayores
que antes eran ejemplo de la vida,
mas ya la misma vida son las flores.
joven real, con alma esclarecida,   405
diera a su siglo enteros resplandores:
grande al nacer, al espirar temprano,
o fue injusto el morir o el nacer vano.

LII

Aún más vive una flor que al alba debe
vida, con quien el occidente lucha;   410
que no es la vida poca por ser breve,
porque, en siendo cabal la vida, es mucha.
Con natural injuria, bien que leve,
hiere a aquel que en sus nácares relucha,
y en el hombre inmortal la muerte halla   415
mayor trofeo con menor batalla.

LIII

Nació Carlos de padres tan reales,
de abuelos en lo augusto tan crecidos
que en ellos vimos todas las señales
de buscados y no de acontecidos;   420
a luz de cuyas armas inmortales
su filiación probaron sus sentidos,
cual ave en quien se duda por divina
si ella examina al Sol, o él la examina.

LIV

De aquel Filipo vencedor y pío 425
nació, nació de aquella Margarita
que al austro no debió vital rocío
(pompa del aire que el candor marchita),
al Austria sí, cuyo fecundo brío
no a gloria de momentos la limita; 430
de Felipe por números Tercero,
que solo en tiempo consintió primero.

LV

Lucina, al parto hallándose importuna,
sacó a su luz los miembros delicados,
siendo la antorcha con que vio la cuna 435
la luz de sus mayores, no pasados.
Mintió ser luz, mas no mintió ser Luna,
pues consteló tan inconstantes hados,
disculpada de escasa en el gran parto,
porque toda la luz gastó en un Cuarto. 440

LVI

¡Oh clavel, hijo y émulo de Apolo,
a un tiempo gloria y lástima del prado,
que para la hermosura naces solo
y para la caricia acompañado!
Aunque te eduque en ámbares Eolo, 445
tan al nacer te huella el sordo arado
que en el botón tu púrpura vertida
hizo naturaleza de la herida.

LVII

No bien del pecho maternal había
libado el tierno Infante vida hilada   450
cuando al costado tierno se pendía
(heroico juego) la paterna espada;
y si el arte y el rostro componía,
era a espejo de escudo o de celada,
cuando de envidia y gusto de alta parte   455
varios aspectos le alternaba Marte.

LVIII

Apenas del laurel menor pudiera
su brazo desnudar la primer rama
cuando en cristianas atenciones era
víctima el corazón y el celo llama.   460
Haciendo sola, la atención primera
(que, dividido, amor más cumple que ama),
ya visitó los templos más devotos,
con fieles humos y pendientes votos.

LIX

No como Aquiles en las Musas diestro   465
fue por afán del hijo de Fílira,
su natural a Carlos fue maestro,
y adquirió en ocio breve grande lira,
con que de amor, o próspero o siniestro,
cantaba. ¡Cuánto yerra el que suspira!   470
Y al son del instrumento que animaba
de afectos la interior lira templaba.

LX

Como en verde teatro Filomena
desata sus querellas tan suave
que todos juzgan su dolencia ajena   475
y ella que es suya solamente sabe,
siendo la musa, el músico y la avena
un ramillete transformado en ave;
tan solo Carlos, si las cuerdas usa,
es instrumento, es músico y es musa.   480

LXI

Los cuatro lustros al primero rudo
respondieron con última opulencia;
harto duró creciendo, mientras pudo,
que durar sin crecer fuera violencia.
Hablaba el héroe sonoroso o mudo,   485
que no en voces está toda elocuencia,
y en palabras sentencias encerraba,
que a veces la atención no le escuchaba.

LXII

Hizo el ingenio escudo a amantes flechas,
y flechas contra amor de él infinitas;   490
escribió cosas dignas de ser hechas,
cosas dignas obró de ser escritas.
Tú, Marte, que los ánimos acechas,
no las armas de amor su efecto evitas,
que en leves guerras tácita Belona   495
lauros te educa y triunfos te sazona.

LXIII
Ya que el discurso tanto amanecía,
que de lo cuerdo y sabio halló la cumbre,
las historias a espejos reducía
y de ajeno valor hizo costumbre;   500
bien como el Fénix que a la edad envía
propia inmortalidad de ajena lumbre,
cede la lumbre al ave que eterniza,
y dura el ave en plumas de ceniza.

LXIV
Aunque pudiera de su estirpe apenas   505
informarse de lauros y de glorias,
hallando historias tan de lauros llenas
que aun Argos mal leyera sus victorias,
para evitar leía las ajenas,
para imitar pasaba sus historias,   510
como en el campo la estudiosa abeja
liba el romero y la cicuta deja.

LXV
Fue liberal con ansia tan crecida
que él hizo el recibir fuerza y no suerte;
solo el tiempo gastaba con medida,   515
y es porque no aprovecha el que se vierte.
Y según se repartió veloz su vida,
sin duda le llegó a pedir la Muerte
que, entre el ruego y el don, desde su infancia
supo negar no más que la distancia.   520

LXVI

Jamás hizo menor el beneficio,
ponderación, promesa, ni tardanza;
la dádiva mayor dio como indicio,
y él madrugó con ella la esperanza.
No de Alejandro el liberal oficio 525
igual mérito tuvo, ni alabanza,
que él echó menos mundos por ganarlos,
y para dar hicieron falta a Carlos.

LXVII

De piadoso y clemente dio experiencia,
no a usura de gemidos, mas tan luego 530
que la necesidad fue diligencia,
y los ojos del príncipe, el sosiego.
Que tiene muy dormida la clemencia
quien despierta deidad al son del ruego;
socorro de valor divinizado 535
previene, y tarda a ruegos alcanzado.

LXVIII

Nunca le mereció los dos oídos,
primer informe, ni uno el lisonjero;
en juicio que no votan los sentidos,
no es llegar antes negociar primero. 540
Los afectos jamás al alma asidos
mancharon con lo blando lo severo;
siempre fue suyo Carlos, y en su causa
de ajeno tuvo procurada pausa.

LXIX

¿Cuántas veces la cólera sagrada   545
de su hermano, a venganza reducido,
de una provincia y otra rebelada,
Iris le halló con memorial de olvido?
Y, cortando el consejo en vez de espada,
altas victorias le ajustó al oído,   550
sabiendo que es inmenso cuando pende
el rayo, y que se mide cuando enciende.

LXX

Ya de Felipe el tribunal más grave
le oyó preceptos que aprendiera Numa
al gran Templo de Jano, siendo llave   555
del ave de Austria la estadista pluma.
ésta creció tan fuerte, tan suave
que en Barcelona el padre de la espuma
la vio tridente, y el garzón severo
mandó seguro a quien domó primero.   560

LXXI

Dado al ensayo duro de la guerra,
también de sus alientos daba parte,
en galas como abriles, a la tierra,
en tiros como víctimas, a Marte.
Con movimiento sabio el bosque yerra;   565
errar antes de herir previno el arte,
que a su piadoso brazo no muriera,
menos que habiendo errado aún una fiera.

LXXII

Vieras los tres Pompeyos en el monte
luces juntar en dividido vuelo,   570
cual suele en rubio imperio Faetonte
cuando al primer albor recama el cielo:
Fernando, el rosicler del horizonte,
Carlos, la estrella que despierta al suelo,
después Filipo como el Sol se ofrece;   575
perdone el Sol, entonces amanece.

LXXIII

Así en el agua hiriendo el Sol hermoso
que nace de aquel agua nos parece,
y puesto enfrente espejo luminoso,
siendo copia segunda, al mismo ofrece.   580
Tres aman y uno impera, que copioso
en tres hermosas líneas resplandece;
cada cual vive en sí, mas tan unidas
que un alma sola es alma de tres vidas.

LXXIV

A esta interior república excelente   585
fue tan leal el exterior ornato
cual forma que en espejo el rostro miente
y quiere ser el mismo, no el retrato.
Allí el jazmín real ardió en la frente,
la reina rosa en el semblante grato;   590
flores que matan al amor de amores,
mas ellas le vengaron con ser flores.

LXXV

El arte, el brío, el aire, el movimiento,
la proporción, el talle y la estatura
tuvieron elocuencia sin acento   595
y sin facción tuvieron hermosura.
Mas no sin alma, o no sin almas ciento
(de su menor acción lícita usura),
tantas almas te daba el hado fuerte
que ¿adónde te cupiera tanta muerte?   600

LXXVI

Según, pues, lo que digo y lo que entiendo,
que decir puedo, soberana ciencia
¿por qué reduce cúmulo estupendo
de virtudes la Muerte a tal violencia?
Si enriquecerse quiere con lo horrendo, 605
más es ostentación, que no opulencia,
consentir que perezca no maduro
fruto que a larga edad le era seguro.

LXXVII

Y tú, del orbe bárbara enemiga,
que del mundo en la mies con ciego brazo 610
coges sin tiempo el grano de la espiga,
y de tu filo es víspera el abrazo,
si es que interés, no ya piedad, te obliga,
más alta presa te rindiera el lazo
a larga edad, que tan temprana herida   615

el tiempo corta, pero no la vida.

LXXVIII
¡Oh, más dura que tú! ¿No te moviera
(pero el moverte fuera transformarte)
ver tantas partes, la mayor cualquiera?
¿Solo para moverte no hubo parte?   620
¿Adónde le escondiste? ¿Adónde impera
de Cristo el campeón, de España el Marte?
Que del mundo en la máquina redonda,
si hay donde quepa, no hay donde se esconda.

LXXIX
¿No te movieron del mayor hermano,   625
ya exhausto de llorar, los ojos secos?
¿No verlos dar, con una y otra mano,
sellos al amistad, al alma truecos?
Que del menor suspiro, el más liviano,
Cataluña y Hungría oyeron ecos,   630
ambos siendo, sus mares lastimados,
muchos entonces, solo de llorados.

LXXX
¿No te pudo ablandar la flor más bella,
reina a un tiempo de mundos y de mayos,
cuando, desde una y otra negra estrella,   635
de agua se vieron los primeros rayos?
¿Y el príncipe, ¡oh dolor!, pendiente de ella,
sagrado hacer del pecho a sus desmayos?,

oyendo alivios contra el golpe agudo.
¡Dichosa edad en que aliviarse pudo!   640

LXXXI
Y, en fin (porque le tenga ya mi queja,
no mi dolor, que a eterno se dilata),
mira, archivo del orbe, cuál me deja Carlos
cuando de humano se desata.
¿A Germania no ves gemir bermeja,   645
teñida a envidias de holandés pirata?
Mira la Galia y el Piamonte osados,
solo porque soy más, contra mí armados.

LXXXII
Mas no puede menguar fuerza divina,
que, aunque aquel brazo dividido sienta,   650
hidra será mi fuerza peregrina
que destrozada y rota se acrecienta.
Presto seré tan su común rüina
que ni en su muerte pare, ni en su afrenta;
en su olvido, que manchan la victoria   655
los rendidos con sangre o con memoria.»

LXXXIII
Dijo, y la voz postrera fue más alta,
cual luz que, cuando más su fin procura,
de un exceso o relámpago se esmalta:
muere en lo más, que es donde nada dura;   660
o como horrenda tempestad que falta
cuando con más cristal los cielos mura,

lánguida el agua, su violencia humilla
a medir la gran tumba de la orilla.

LXXXIV

Dijo, y tres veces fulminó los ojos   665
mirando al pueblo que en su voz pendía.
éste aplaudió en silencio sus enojos,
que aún el aplauso a voz no se atrevía.
Colunas blancas como bultos rojos
temblaron, o a los ojos parecía,   670
dejando firmes el pavor algunas,
de pasmadas aún más que de colunas.

Del Retrato de su Alteza Serenísima
Canto Tercero

LXXXV

Pendiente estaba de la ibera boca
la próvida deidad, y la sucede
cual río que, impedido de una roca,   675
se precipita si la roca cede.
Gran respuesta vistió de oración poca,
que en sentencias, no en números, excede,
y, llena ya de sí, el dolor prolijo
templó de España, cuando así la dijo: 680

LXXXVI

«España, mucho el gran sentir te aleja
del sentido, al dolor adulas tanto.

No puede toda lástima ser queja,
nueva, no injusta, la hace vuestro espanto.
Deidad se hace el dolor que te aconseja   685
cesar en la razón y no en el llanto;
que llorar por llorar lo más amado
no es razón de dolor, sino de estado.

LXXXVII

Murió Carlos, ya vive soberano;
murió, no hay vida acá donde se estribe.   690
En flor murió, ¿quién duda que el humano
solo en el mundo su vivir concibe,
y que nadie murió mal, por temprano,
si al bueno siempre basta lo que vive?
Bueno pudo durar. ¡Oh gran locura,   695
quejarse de que el riesgo poco dura!

LXXXVIII

Murió cuando hace falta; no su falta
lloras, lloras la duda de tu vida.
La de Carlos no es muerta porque es alta;
más tiene de negada que perdida.   700
Que vida a quien la muerte sobresalta,
porque nace a los números asida,
tiene de edad no más de lo que miente,
pues miente lo que dura un accidente.

LXXXIX

Dices también que te engañó el indicio   705
de vivir y de obrar la alta esperanza.
¿Cuál juzgas tú que al cielo es más propicio:
sujetarle la ofrenda a la mudanza,
o hacerle tan temprano el sacrificio,
que no le aguarda a recibir, le alcanza,   710
llenándose de frutos soberanos
las aras sin noticia de las manos?

XC

Ponderas perfecciones, que ninguna
tan bien se admira como mal se alaba.
éstas tienen por muerte la fortuna,   715
porque lo hermoso sin morir acaba.
El tiempo vuestras flores una a una
hiere, gastando en ellas tanta aljaba
que, inútiles llegando a los extremos,
lo menos de vosotros morir vemos.   720

XCI

¡Oh ciego discurrir! ¿No hay quién lamente
que es la vida de sí golpe y amago?
La corva senectud, la arada frente
pide la juventud por dulce halago.
Pérdida sin rüido no se siente,   725
y llórase sin pérdida el estrago,
pues sigue a la vejez torpe y cansada
mucho de fin, pero de muerte nada.

XCII

Así que, mal de Carlos, hoy te espanta
morir en su sazón hermosa y fuerte,   730
no se consiente, no, que vida tanta
fenezca sin honor de santa muerte;
ni habiendo de mudar tan bella planta,
donde es vida el vivir, porque no es suerte,
quiso exponerla el cielo en mayor plazo   735
al peligro, a la duda, al embarazo.

XCIII

De su padre aprendió piedad y celo,
y en el primer abuelo y el segundo,
que uno fue yugo y otro paz del suelo,
de éste, el vencerse a sí, de aquél, al mundo; 740
de un Alfonso lo casto, y el desvelo
de un Licurgo o Fernando más profundo.

Acabó su labor Carlos en esto:
presto acabó porque acabó tan presto.

XCIV

Lo clemente, piadoso, fuerte y sabio   745
nadie lo vive en sí, sino en su fama;
de ésta le anima el heredero labio,
sacándole del polvo a nueva llama.
Si fue naturaleza, no fue agravio
romper el fruto la pesada rama.   750
Al que de no poder crecer faltare,

muerto estará quien muerto le llamare.

XCV
De la voz y la lira lo sonoro
a números no ya las voces ata;
sonle del Sol los rayos cuerdas de oro   755
en lira empírea, no imperial de plata.
El cristalino de los cielos coro
ya en estruendos mayores se desata,
temiendo que, si escucha al tracio infante,
ha de parar su máquina rodante.   760

XCVI
Mas no es esto lo más de tus querellas:
lo que te tiene al llanto vinculada
es que te faltan fuerzas, que sin ellas
hoy tu defensa yace minorada.
 ¡Ay, que tú no le ves blandir de estrellas   765
(pero velo Orión) su blanca espada!,
y, al lado de otro ya, cuarto planeta,
a dos luces ser iris, ser cometa.

XCVII
El llanto cese pues, que, cual cadena,
no redime, eslabona tus enojos;   770
para mayor efecto que la pena
hoy quiero que hayas menester los ojos,
o niégate a la vista, porque, llena
de luz, no falte entre diluvios rojos.
Pierde los ojos, mira al que deseas,   775

que otros te nacerán con que le veas.»

XCVIII
Dijo y, como de Júpiter el ave
al hermoso garzón robó ligera,
plumada siendo de los vientos nave
y enfrenada rüina su carrera,   780
así dispone la matrona grave
a España absorta a intrépida carrera,
y, porque sufra grande luz, la sube
a ceñir de robusta y clara nube.

XCIX
Porque ha de ver divinos resplandores,   785
resultados de Césares hispanos,
en teatro que vence los mayores
que erigieron sabinos ni romanos.
Adonde el bronce en bultos y en colores
el cedro, ya los ojos, ya las manos   790
engañan en retratos tan lucidos
que han menester escudos los sentidos.

C
Cuando llegaron donde el rayo prende
su vida aguda en nubiloso velo,
senda se vio que sin quemar enciende   795
el aire en orden al zafir del cielo;
y cuya exhalación se comprehende
por dorado testigo de aquel vuelo
que Carlos hizo a Dios cuando la muerte

hizo en él mucho golpe y poca suerte.   800

CI
Repítense al alcázar elegante
y, penetrando el culto frontispicio,
claustro vieron hermoso, tan brillante
que niega al Sol aun pretensión de indicio.
Gran certamen los ojos ven delante,   805
y, porque España logre el beneficio,
a moderar las maravillas prueba,
por imperar de grande y no de nueva.

CII
«Yo, del tiempo enemiga y del olvido
—repitió en voz soberbia la Memoria—,   810
con quien no es valeroso, aunque atrevido,
el tiempo, vana lima de mi historia;
mostrarte quiero un número escogido
de reyes godos, pues a excelsa gloria
los engendraste, y ya los determinas   815
resplandecer en glorias más divinas.

CIII
Aquí todos estados resplandecen,
los hechos brillan, lucen los linajes;
no porque en sangre o calidades crecen,
sus virtudes les dan púrpura y trajes.   820
Bien que los reyes aun aquí se ofrecen
superiores, mas no en los vasallajes,
porque gozan los reyes que lo fueron

por todos, porque en todos merecieron.

CIV

Haz, pues, de aquese globo condensado 825
escudo cuidadoso a la violencia
de tanta luz, que haber aquí llegado
jamás será valor, sino licencia.
Presto verás de eternidad armado
a Carlos, y aunque eterna diferencia 830
de su forma pasada nada informa,
no en él, en ti conocerás su forma.»

CV

No añadió más el venerable archivo
del mundo, porque ya el metal hablaba
en estatuas y el bulto menos vivo 835
por majestad, no precisión, callaba.
En el lienzo del nicho primitivo
la edad, la estirpe, el siglo se notaba
de cada rey, grabados sus anales
prolijamente a heridas de metales. 840

CVI

El santo rey, glorioso Recisundo,
la goda estirpe dedicaba al cielo,
siendo de tanto rey que honora el mundo,
más que por sangre, por ejemplo abuelo;
en aquel acto plácido y jocundo 845
que Ildefonso a Leocadia cortó el velo,
conque el honrar su púrpura fue visto,

pasmado estaba el capitán de Cristo.

CVII

Hecho ligustro humano en campio tirio
que el arado dejó lánguido y tierno,   850
mostraba Hermenegildo el gran martirio
que padeció negado a error paterno.
De Leovigildo el bárbaro delirio
no se grababa en el metal eterno,
porque, mirando el hijo sus desdichas,   855
no menguase con lástimas sus dichas.

CVIII

Figurado se veía extensamente
el invicto, el magnánimo Pelayo,
a un alarbe escuadrón haciendo frente,
en vez de espadas tremolando un rayo;   860
y la vencida desangrada gente
dar a su acero el último desmayo,
y él curar un León convalecido
la cuartana de habérsele atrevido.

CIX

Nuevo claustro de luz en otra parte   865
a un Alfonso Segundo testifica,
que de armiños la túnica de Marte,
gloriosa castidad, orla y salpica.
Hasta verle fue Magno el estandarte
de Carlos que a su planta se dedica   870
en la francesa lid; a tal trofeo

no es ya monte, es estatua el Pirineo.

CX

Pero ¿quién es aquel que un nicho dora,
tan siempre que hace vínculo del día
y de turcas heridas forma aurora			875
al Sol de su valor que al cielo fía?
Digo aquel cuya espada vencedora
al África en las Navas desafía
y a tantos moros el metal avisa
que se dejan el número en la prisa:		880

CXI

es Alfonso el Octavo, tan fecundo
en valor que, cual vaso que derrama
el sobrado licor, permite al mundo
a Sancho el Fuerte, cómplice en su fama,
y al rey don Pedro, de Aragón Segundo,	885
que en Tolosa de Júpiter la rama
cifieron, y quedaron por iguales
de una inmortalidad, tres inmortales.

CXII

Un mar de lumbre, en otra parte hermoso,
tempestad no recela o teme agravio,		890
sonda Alfonso las ondas luminoso,
del mar de ciencias Palinuro sabio:
Décimo en nombre, a cuyo estudio ocioso
Arquímedes rindiera su astrolabio.
Dio preceptos al cielo, y, a medida		895

de sus leyes, fue un cielo cada vida.

CXIII
Esta batalla hermosa de los ojos
treguas daba al mejor sentido, cuando,
diestra del cielo en iras y en despojos,
sin segundo se vio el primer Fernando,   900
que sobre el Tajo tantos cuerpos rojos
de toledanos moros iba echando
que al mar, que por tributo le esperaba,
no feudo mas sangrienta lid llevaba.

CXIV
¿Y en Lusitania anduvo menos fiera   905
la lid? Viseo lo dirá ganado,
cuando, purpúreo el Tajo sin ribera,
no llegó al mar, pensando haber llegado.
También el Betis, cuya margen era
en otra lid cadalso de su prado,   910
pues vio en sus vegas de africanas gentes
nacer montañas, murmurar torrentes.

CXV
O por el nombre o por planeta Quinto,
daba asunto a su fama y su memoria
Fernando en tan glorioso laberinto   915
que el no poder salir era su gloria;
en victorias, mas no en valor distinto,
de una parte ostentaba la victoria,
que en defensa de Dios, pío guerrero,

a solo le pasó desde primero. 920

CXVI
De otra parte su esfuerzo encarecía,
de moros entre el bárbaro alboroto,
sojuzgaba Tripol, presa Bujía,
donde acabó con sus estambres Cloto;
y Navarra que, súbdita, tenía 925
el ser vencida a galardón y a voto,
mereciendo el lugar en su corona
que se hace el Sol en la templada zona.

CXVII
De Enriques grandes, Sanchos inmortales,
Recaredos, Ramiros, Juanes fuertes, 930
que ya vimos en trajes de mortales
vivir con vidas y morir sin muertes,
los semblantes se veían triunfales,
unos en glorias, varios en las suertes;
nadie envidiando al otro en tal esfera, 935
por ser mayor la gloria de cualquiera.

CXVIII
Así intrépida España contemplaba
de sus amados reyes la grandeza,
no ya en Imperio que al nacer acaba,
sino en Reino feliz que siempre empieza, 940
cuando un héroe una luz reverberaba,
a quien muestran dos águilas flaqueza,
con ojos de diamante y sed robusta

bebiendo llama de la frente augusta.

CXIX

No corre así desde su claro centro 945
al cebo el pez que sobre el agua mira,
mas, viéndose incapaz al alto encuentro,
por ser la presa grande, se retira
y, codicioso en el cristal de adentro,
arde en las aguas y sin voz suspira, 950
como España por ver a Carlos Quinto,
inquieta estaba en el cristal sucinto.

CXX

De Dios armado, mas de sí ceñido,
Marte en la diestra, Apolo en el semblante,
de su estirpe mostraba haber tenido 955
primero a muchos, pero no delante.
De Carlos solo se libró el rendido,
y a rendir la amenaza fue bastante,
que a las divinas fuerzas embaraza
el golpe, porque es golpe la amenaza. 960

CXXI

De las batallas del guerrero santo,
flamencas, moras, francas, españolas,
escrito a cifras se leía un manto
que imitaba del mar espesas olas,
no tanto en el color celeste cuanto 965
en que el viento jamás las peina solas;
pues a aquella que en más beldad excede

borra con tinta azul la que sucede.

CXXII

Prende allí un rey francés y le despoja:
Madrid lo mira y sucedió en Pavía;   970
adquiere la Goleta; deja roja
el turco a Túnez con su sangre fría;
vence al duque de Cleves y le arroja
de Gueldres; doma allá la apostasía
del obstinado inglés que había vivido   975
en su error, en su engaño adormecido.

CXXIII

Para contarle las victorias bellas
(más fueron las victorias que las luchas)
en el cielo se veían las estrellas
brillar de todas, pero no de muchas.   980
Dilo, Filipo tú, heredero de ellas,
sucesor, no funesto, que le escuchas
decir, cuando el gran cetro te dejaba:
 «Tarde muere el que muere cuando acaba.»

CXXIV

Filipo, honrosa afrenta del gran Numa,   985
Segundo, no en valor, ni en la prudencia,
conservando de reinos tanta suma,
sufrir hizo al ganarlos competencia.
No cortó alguna espada cual su pluma,
que es más fuerza la fuerza sin violencia,   990
ni fue mayor fatiga del romano

abrir el templo, que cerrarle, a Jano.

CXXV

Ya le abrió cuando, apenas sucediendo
al Reino, le compró con fama y gloria,
donde Enrique, a su ejército cediendo,   995
del vivir hizo trémula victoria.
Tú lo sabes Lorenzo, pues ardiendo,
fénix divino, a tu mayor memoria
para lograr el templo que eternizas,
nuevo holocausto diste a tus cenizas.   1000

CXXVI

Aclamará a Filipo tal hazaña
que ni antes tuvo igual, ni teme ejemplo;
en cuanto el Sol con ondas de oro baña
solo el Patrón quedó mayor que el templo.
Y tú, Lorenzo, al Salomón de España   1005
no quedaste deudor, aunque contemplo,
que antes de honrar el templo le debiste,
pero cabiendo en él le agradeciste.

CXXVII

Tras esta sabia, fuerte y santa idea
de reyes, del mejor solo imitada,   1010
a un Tercero Filipo pide Astrea
fiel balanza, inevitable espada;
y mientras por el casto rey emplea
la docta virgen la justicia amada,
en sus aristas él la mano ejerce,   1015

la buena halaga y la nociva tuerce.

CXXVIII
Pues la morisma, en lo exterior fecunda
al Reino, a Dios inútil en la esencia,
extermina de sí porque confunda
su ley sin ley la universal sentencia;   1020
bien que empuñase de oro gran coyunda
y sobornase al riesgo la opulencia.
Llora el moro fugaz la sabia afrenta
y España queda próspera de exenta.

CXXIX
Mas cuando el santo Abel a Dios dedica   1025
el fruto que en sus campos atesora,
su Imperio con imperios multiplica,
rindiéndole a Larache y la Mamora;
porque en la recompensa significa
lo aceptó Dios, si quien le da lo ignora,   1030
haciendo que se vista el beneficio
el traje que miró en el sacrificio.

CXXX
De este príncipe pío y rey perfeto,
temido, pero dentro de adorado,
que cuando amor se labra del respeto   1035
es ya naturaleza y no cuidado,
Carlos pendiente estaba, tan su efeto
que, entre ser hijo suyo y ser traslado,
no los juzgara dos atento alguno;

para gozar no más, pasaban de uno. 1040

CXXXI

De las empresas que el real mancebo
acometiera si la muerte avara
sin razón no cortase el árbol nuevo,
en torno de él pendía historia clara,
tan viva que, mirando de Austria el Febo 1045
la imagen que a sí mismo le declara,
a cada acción de esfuerzo que leía,
sin moverse, moverse parecía.

CXXXII

De Sión el moderno ciudadano
notando estaba los eternos giros, 1050
dando al amado padre la una mano
que aseguraba un nudo de zafiros,
con la otra señalaba al rey hermano
que deja en la región de los suspiros,
diciéndole con voces sin estruendo: 1055
«¡Oh, cuánto!, ¡oh, cuánto me nací, muriendo!

CXXXIII

Cese el llanto, Filipo, que es violencia
llorar al que no ves, porque le viste;
no falta el bien que falta a la apariencia,
si el bien es tal que al trato se resiste. 1060
Hace el aumento necesaria ausencia
de su principio, porque así le asiste
más favorable; luego no se aleja

quien por unión más alta alguna deja.

CXXXIV

Escasa luz le concedí a tu playa   1065
adonde más que vida fui cometa,
donde la rosa efímeros ensaya
y la efímera ocasos interpreta;
ya de tu Imperio soy firme atalaya,
luz, no a mortal constelación sujeta,   1070
bien que les fue mi altivo monumento
urna al amor y cuna al escarmiento.

CXXXV

Yo desde aquí contemplo tu camino,
las lides que te esperan, cuándo y dónde;
las que te ha de mover feliz destino,   1075
que en el sudor la púrpura te esconde;
y en las que al moro, al franco y al latino
has de domar feliz, a quien responde
todo el Sol por laurel, rendido el suelo
por vasallo, por premio todo el cielo.»   1080

CXXXVI

Aquí juzgó la gran Memoria eterna
que de España cumplió el mayor deseo,
y ésta sintió su vista humana y tierna
faltar al firme y al divino empleo;
bien que observó la imagen más moderna, 1085
cual suele aquel que en brazos de Morfeo
soñando glorias le despierta Apolo,

que la postrera imagen guarda solo.

CXXXVII
Y no solo contenta, mas vencida
la sed de contemplar, que ya vio en ella, 1090
deshizo aquella fábrica lucida
donde la tuvo firme como estrella.
Vuelo no pareció, sino caída,
el movimiento de una y otra huella,
cuando, rompiendo el globo cristalino, 1095
quedó vencido el viento en el camino.

CXXXVIII
Y sobre el monte Líbano, gran roble,
hospedó las hermosas compañeras
adonde muestras de agasajo noble
muchas supieron ser, mas no postreras. 1100
Y porque el beneficio más se doble
y de muchas el paso den a enteras
las gracias, dijo a Espafia la Memoria:
«Siempre será de mí digna tu gloria.»

CXXXIX
Ya de Admeto el zagal con lento paso 1105
iba segando aquella mies luciente
que, para sobornar al negro ocaso,
sembró de granos de oro en el oriente;
y el mar, haciendo su ribera un vaso,
templar quería al Sol la sed ardiente, 1110
porque, oponiendo alientos a desmayos,

viva en cristales mientras muere en rayos.

CXL
Y porque más de la obra que del día
faltaba, recogió con voz suave
España su obediente compañía,　　　　1115
que no en el mundo, en su obediencia cabe;
y haciendo de los pasos la porfía
(refiriendo sus dichas) menos grave,
el Alcázar del Júpiter hispano
nido fue de su vuelo soberano.　　　　1120

CXLI
Y consolando del monarca ibero
España discursiva los enojos,
de las ondas del llanto amargo y fiero
desembarcó sus navegantes ojos;
y del que ya fue polvo y es lucero,　　　　1125
que engañó a lo mortal con los despojos,
la gloria refirió, y, mientras hablaba,
ni aun a los ojos el garzón faltaba.

CXLII
«Cese —le dijo— el llanto, oh gran Filipe,
a corriente se atreva, mas no a abismo;　　　　1130
no al consuelo defensas anticipe,
ni repita de muerte el parasismo;
no es bien que de ti tanto participe,
que algo pueda de ti más que tú mismo;
no siendo el mayor mal no consolarte,　　　　1135

más haces contra ti con ignorarte.

CXLIII

Carlos, del cielo morador sublime,
no a cuenta de los años ya respira;
solo disculpa al que le llora y gime,
en que solo le alcanza el que suspira.　　1140
Cese el dolor, pues nunca se redime
con quejas o con llanto a aquel que espira:
no niego su impaciencia a los gemidos,
para sentir se hicieron los sentidos.

CXLIV

Yo por ti me he quejado donde habita　　1145
saber que no se mide a humana ciencia,
que no solo en noticias me limita
el dolor, le venció con experiencia.
En sus plumas mi vuelo facilita,
y donde tu magnánima ascendencia,　　1150
godo escuadrón de luces, duerme vivo
—paró el vuelo y siguió lo discursivo—,

CXLV

vi, no ya tus mayores ni pasados,
ni son pasados, ni serán mayores;
tus abuelos miré de luz armados,　　1155
serenos de los años vencedores.
Carlos, entre estos príncipes sagrados,
exento estaba de hados inferiores.
Vivid émulos, ambos, de la muerte:

por divino tu hermano, tú por fuerte.»   1160

CXLVI
Aquí desvaneció el hermoso bulto
de España, y de Felipe a la prudencia
libres ya los sentidos dieron culto,
que no es del mal aplauso la violencia;
y, dando muestras del consuelo oculto,   1165
vuelto el estrago en santa conveniencia,
su memoria, no ya su dolor vano,
es alto mausoleo de su hermano.

Fin

Libros a la carta

A la carta es un servicio especializado para
empresas,
librerías,
bibliotecas,
editoriales
y centros de enseñanza;
y permite confeccionar libros que, por su formato y concepción, sirven a los propósitos más específicos de estas instituciones.

Las empresas nos encargan ediciones personalizadas para marketing editorial o para regalos institucionales. Y los interesados solicitan, a título personal, ediciones antiguas, o no disponibles en el mercado; y las acompañan con notas y comentarios críticos.

Las ediciones tienen como apoyo un libro de estilo con todo tipo de referencias sobre los criterios de tratamiento tipográfico aplicados a nuestros libros que puede ser consultado en Linkgua-ediciones.com.

Linkgua edita por encargo diferentes versiones de una misma obra con distintos tratamientos ortotipográficos (actualizaciones de carácter divulgativo de un clásico, o versiones estrictamente fieles a la edición original de referencia).

Este servicio de ediciones a la carta le permitirá, si usted se dedica a la enseñanza, tener una forma de hacer pública su interpretación de un texto y, sobre una versión digitalizada «base», usted podrá introducir interpretaciones del texto fuente. Es un tópico que los profesores denuncien en clase los desmanes de una edición, o vayan comentando errores de interpretación de un texto y esta es una solución útil a esa necesidad del mundo académico.

Asimismo publicamos de manera sistemática, en un mismo catálogo, tesis doctorales y actas de congresos académicos, que son distribuidas a través de nuestra Web.

El servicio de «libros a la carta» funciona de dos formas.

1. Tenemos un fondo de libros digitalizados que usted puede personalizar en tiradas de al menos cinco ejemplares. Estas personalizaciones pueden ser de todo tipo: añadir notas de clase para uso de un grupo de estudiantes, introducir logos corporativos para uso con fines de marketing empresarial, etc. etc.

2. Buscamos libros descatalogados de otras editoriales y los reeditamos en tiradas cortas a petición de un cliente.

www.ingramcontent.com/pod-product-compliance
Lightning Source LLC
Chambersburg PA
CBHW031856220426
43663CB00006B/644